*Im Knaur Taschenbuch Verlag sind
bereits folgende Bücher der Autorinnen erschienen:*
Alleinerziehend mit Mann
Muttitasking
Der Brei und das Nichts

Über die Autorinnen:
Monika Bittl studierte Germanistik und Psychologie, Silke Neumayer Kommunikationswissenschaften. Beide schreiben mit großem Erfolg Romane und Drehbücher. Sie leben in München und haben ihrem persönlichen Verfallsdatum mit einer großen Portion Humor den Kampf angesagt.

Monika Bittl
Silke Neumayer

Ich hatte mich jünger in Erinnerung

Lesebotox für die Frau ab 40

Besuchen Sie uns im Internet:
www.knaur.de

Vollständige Taschenbuchausgabe März 2019
KnaurTaschenbuch
© 2016 Monika Bittl/Silke Neumayer
© 2016 Knaur Verlag
Ein Imprint der Verlagsgruppe
Droemer Knaur GmbH & Co. KG, München.
Alle Rechte vorbehalten. Das Werk darf – auch teilweise –
nur mit Genehmigung des Verlags wiedergegeben werden.
Die Nutzung unserer Werke für Text- und Data-Mining
im Sinne von § 44b UrhG behalten wir uns explizit vor.
Lektorat: Julia Krug
Covergestaltung: ZERO Werbeagentur, München
Coverabbildung: FinePic®, München
Satz: Adobe InDesign im Haus
Printed in Germany
ISBN 978-3-426-78927-8

4 5 3

Inhalt

Vorwort **7**

Fuck the Falten **10**
Generation al dente **18**
Einladung zum 29. Geburtstag **21**
Aus der Reihe »Die schönsten Orte der Welt« –
   Heute: Die Führerscheinstelle **23**
Halali – Auf, auf zum fröhlichen Jagen! **25**
Der lustige Wörter-Friedhof **32**
Bio-logisch: Ich wollt, ich wär Frau Pfau **36**
BaBaBaBaBanküberfall **43**
Hinter den Kulissen – Kleines Dramolett **50**
Ich bin heiß – in Wellen **58**
Blutendes Herz **62**
Spieglein, Spieglein an der Wand **66**
Die zehn besten Sexstellungen
   für Frauen ab fünfzig **68**
Meine erste Lesebrille **69**
Altx **73**
Es grünt so grün **76**
Ganz ohne Photoshop **78**
Eine Busfahrt, die ist lustig, eine Busfahrt,
   die ist schön ... **81**
Meine Freundin, die Pinzette **82**
Evas Tagebuch **87**
Drei Dinge braucht die Frau **93**
Zwickerlein und Zipperlein **94**
Keine Milchmädchenrechnung –
   warum ich 27 Jahre alt bin **100**
Die Neandertalerin **102**

Aging-Voodoo **112**
Tempus fugit **115**
Dich kann man nicht mehr renovieren! **118**
Das Geschenk **119**
Late but date **121**
Strichmännchenfrau **127**
Ein schrecklich alter Mann **131**
Der ultimative Alterstest **140**
Lila Latzhosen **142**
Pillendreher **148**
Weibliche Relativitätstheorie **152**
Das kleine Schwarze **153**
She made my day **156**
Paradox **160**
Strippen **162**
Ryan Gosling, Harry Potter und ich **164**
Komische Alte **171**
Interview mit Melpomene **172**
Ich werde immer teurer **179**
Warum hast du so große Ohren? **184**
Unerklärliche Verspätung **187**
Tanz der Hormone **188**
Vergiss es! **192**
Das Neidhuhn **194**
Eine kleine Zeitreise **198**
Das neue Zauberwort **201**

Vorwort

Wir haben ja immer gedacht, uns kann das nicht passieren. Aber plötzlich ist es da: das erste Fältchen. Noch plötzlicher kommt das zweite. Und dann vermehren die sich auch noch! Jetzt, wo es uns gerade so gut geht wie nie zuvor, häufen sich die seltsamen Begegnungen im Spiegelbild. Bin ich das? Und wenn ja, warum im Knitterlook? Wie krieg ich das wieder weg? Kann der liebe Gott mich nicht wieder glatt bügeln? Nein, kann er nicht! Und braucht er auch nicht! Denn erstens zählen wir schon länger nicht mehr auf die Rettung durch einen Mann. Und zweitens lassen wir uns nach dem ersten Schock auch nicht mehr einschüchtern. Wir lassen uns nicht mehr ins Bockshorn jagen – und nur noch manchmal zu Botox überreden. Jammern über 40 plus? Nicht mit uns!
Wir haben schon ganz andere Dinge gemeistert – Liebeskummer, Entbindungen, verpatzte Prüfungen, cholerische Chefs, Kleinkinder, Arbeitslosigkeit, Schwiegermütter, Scheidungen, Wasserschäden, verregnete Geburtstage, Steuernachzahlungen und Autoreifenwechsel. Wir sind nun alt genug, um zu wissen, dass der Ernst des Lebens auch Spaß machen kann. Und darüber hinaus wissen wir noch ein paar Dinge mehr: Welcher Mann es verdient, dass wir ihm die *richtige* Handynummer geben oder gar bei ihm bleiben, welche Schoko-Eiscreme eine Sünde wert ist und welche politische Farbe uns gut steht. Wir wissen, dass alles seinen Preis hat, auch das Älterwerden. Und dass man alles haben kann im Leben – aber leider nicht gleichzeitig. Manchmal fluchen wir auch darüber. Aber wir haben Übung im Vergleichen von Ange-

boten im Supermarkt – und von Lebensentwürfen. Wir wissen jetzt, worauf es wirklich ankommt.

Uns macht man so schnell nichts mehr vor, und deshalb glauben wir auch nicht an den blöden Satz: »Man ist so jung, wie man sich fühlt!«

Wir sind 40 plus, und das fühlt sich auch so an: souverän, selbstbewusst und sicher – nicht immer, aber immer öfter, und vor allem dann, wenn wir gerade nicht den eigenen Körper kritisch unter die Lupe nehmen. Denn einen kritischen Blick auf unser Äußeres haben wir ja schon seit der Pubertät. Vielleicht ist jetzt der richtige Zeitpunkt, diesen Blick durch einen liebevollen zu ersetzen. Die Frau im Spiegel sagt uns zwar: »Das junge Schneewittchen ist tausendmal schöner als du.« Aber wir wissen zugleich: Das ist auch nur ein Märchen. Geschrieben von Männern. Vergiss die Falten! Die im Gesicht kommen sowieso nur vom Lachen, weil wir jetzt endlich mit Humor die Dinge hinnehmen können, die sich ohnehin nicht ändern lassen. Wir können uns unnütze Rebellionen sparen und hören nun bisweilen sogar auf unsere Mütter, die sagen: »Die schönste Zeit im Leben ist zwischen vierzig und sechzig. Da bist du noch jung und doch noch nicht alt.«

Wir haben verstanden, dass wir Frauen nicht bloß Opferlämmer eines gesellschaftlichen Jugendkults sind. Klar, überall sehen wir die Bilder der jüngeren Ausgaben unserer selbst – und kassieren dabei jedes Mal eine Klatsche in Sachen »Schönheitsideale«. Aber wir wissen um die Industrie dahinter. Viel zu lange glaubten wir, Männer stünden auf Hungermodels, bis sie uns sagten: »Nein, nein, wir wollen nicht mit Knochen spielen, wir wollen Kurven.« Jetzt fallen wir zwar wieder auf ein gesellschaftliches Bild herein, aber nur kurz. Wir lassen uns nicht mehr so leicht blenden und schauen uns Statistiken an, wie die des Bundesamtes für Statistik, in der steht, dass Männer viel mehr Wert auf den Humor einer Frau legen als auf eine schöne Fassade.

Blöd waren wir noch nie, aber jetzt durchschauen wir die Machtspielchen im Großen wie im Kleinen und stehen ihnen nicht mehr ohnmächtig gegenüber. Wir können uns wehren – wenn wir nur wollen – und lassen uns nicht zum Heimchen am Herd oder Opfer des Jugendkults machen. Denn jede, die sich so sieht und auch so benimmt, hat schon verloren.

Älterwerden ist scheußlich und wunderbar zugleich. Es kommt nur auf die Perspektive an. Man kann es tragisch sehen oder komisch. Wir haben uns für den Humor entschieden und bekämpfen die kleinen Einbrüche mit den besten Waffen einer Frau: der Selbstironie und dem Lachen über uns selbst. Und das schon am frühen Morgen, wenn wir die Frau im Spiegel sehen und ihr entgegenhalten: »Fuck the Falten!«

Fuck the Falten

Fuck. Fuck. Fuck. Es ist zum Kotzen. Es ist das Letzte. Es ist eine einzige riesengroße Sauerei. Es ist laut Wecker 4:26 Uhr, und ich liege schweißgebadet im Bett und denke über mein Leben nach. Über mein vergangenes Leben und über mein zukünftiges. Falls ich ein zukünftiges Leben habe. Zukünftiges Leben? Ha! Ich bin knapp über fünfzig! Kann man da überhaupt noch von Zukunft sprechen? Als Frau doch schon mal gar nicht, wollen wir mal ehrlich sein. Männer kommen in die besten Jahre. Aber Frauen werden einfach nur alt.
Mitten in der Nacht habe ich so finstere Gedanken. So finster wie die Nacht um mich herum. Und nur mal so am Rande, ich bin nicht schweißgebadet, weil ich in den Wechseljahren bin. Mein Körper ist nicht das Problem. Mein Kopf ist es. In dem veranstalten nämlich meine Gedanken gerade ein munteres Wettrennen. Bin ich mittendrin im Leben? Oder schon knapp vorbei? Wie viele gute Jahre habe ich noch? Ich meine: echt gute Jahre. Realistisch habe ich mit über fünfzig schon den Zenit überschritten. Der Wahnsinn. Was kommt jetzt noch? Was geht jetzt noch? Seniorenteller? Wärmedecken? Rollator? Und noch mehr Pigmentflecken? Oder muss ich mich jetzt noch mal neu erfinden? Alles auf »Reset« stellen? Mein Leben noch einmal ganz toll von vorne starten? All das machen, was ich schon immer machen wollte?
Och nee, noch eine To-do-Liste! Meine Was-ich-im-Leben-alles-so-noch-machen-will-Liste ist endlos lang.

Kein Wunder. Die letzten Jahre bin ich im Grunde genommen nur zwischen Kind und Job hin- und hergehetzt. Für anderes blieb dabei kaum Zeit. Und schon gar nicht für mich oder irgendwelche ausgefallenen Selbstverwirklichungspläne. Aber jetzt! Jetzt, wo Sophie in die Pubertät abrauscht und selbständiger wird, könnte ich endlich mal …
Was ich alles könnte, wenn ich könnte.
Der einzige Vorteil vom Älterwerden ist, dass sich manche Dinge auf der To-do-Liste einfach mittlerweile von selbst erledigt haben. Noch fünf Kinder kriegen geht einfach nicht mehr. Und endlich Supermodel werden war schon immer etwas schwierig.
Aber so eine Neuerfindung, egal in welche Richtung, ist ja ziemlich kräftezehrend. Woher soll ich nur die Energie nehmen? Nix mehr mit Couchsurfen und einem guten Glas Rotwein und Schokolade.
Will ich mich jetzt wirklich noch einmal neu erfinden? Ich glaube, ich will lieber meine Ruhe. Verdammt noch mal, das hab ich mir verdient. Ist ja nicht so, dass ich in meinem bisherigen Leben noch nichts gemacht hätte. Oder nichts gearbeitet hätte. Oder nichts erlebt hätte. Ich bin müüüüüde. Immer müde. Ich kann doch nicht immer flexibel bleiben. Früher habe ich übrigens gedacht, dass ich mit fünfzig ziemlich gesettelt irgendwo mit zwei Kindern, einem Mann und einem Häuschen auf dem Land vor mich hin lebe und vielleicht anfange, aus Langeweile Golf zu spielen oder den Musiklehrer meiner Tochter zu vernaschen. Nun ja, früher hab ich auch gedacht, Anti-Falten-Cremes würden etwas bringen.
Das Leben hält einfach immer Überraschungen für einen bereit.

Ich könnte natürlich auch über Frührente nachdenken. Wäre auch eine Möglichkeit. Einfach loslassen. Sich entspannen und wieder anfangen zu stricken. Alters-Cocooning. Aber um aus dem Hamsterrad auszusteigen, braucht man verdammt noch mal Geld. Rente mit 67 ist ja sowieso der Wahnsinn. Wie soll ich eigentlich bis dahin durchhalten? Und wer bitte gibt mir noch einen Job, wenn ich über sechzig bin?
Ich habe eine schwache Blase – fuck, ich muss schon wieder auf die Toilette. Das zweite Mal heute Nacht. Und es ist die dritte Nacht in dieser Woche, in der mir das so geht. Na, das sind ja schöne Aussichten. Auch das soll mit der Zeit nicht unbedingt besser werden, habe ich gehört.

Als ich endlich im Bad bin und im Halbdunkel vor mich hin pinkele, bemerke ich plötzlich ein kleines, hutzeliges Männchen mit weißem Rauschebart neben mir auf dem Badewannenrand.
Ich träume. Oder halluziniere. Eindeutig. Es tut mir einfach nicht gut, abends noch so viel zu essen.
»Ja, es tut dir nicht gut, abends noch so viel zu essen. Vor allem die Schokolade. Und dann noch zwei Gläser Rotwein. Kinder, Kinder, ihr wisst doch, was euch guttut. Warum könnt ihr euch nicht einfach daran halten? Das mit der Eigenverantwortung bekommt ihr seit Jahrtausenden einfach nicht auf die Reihe.«
Mit einem Satz springe ich auf. Das heißt, ich würde gerne, aber auf der Toilette mit runtergelassener Pyjamahose ist das etwas schwierig.
Seit wann sind Träume so real?
Nie wieder Rotwein und Schokolade in diesen Mengen.

Ich schwöre es.

»Ich bin kein Traum. Ich bin Gott. Und ich bin heute Nacht auf meiner Zufallsstichproben-Besuchstour für Problemkinder. Du hast Glück, du hast zwei Minuten mit mir.«

Ich starre den Typen an.

Fuck. Ein Einbrecher.

»Nehmen Sie alles, was ich habe, es ist nicht allzu viel, kann ich Ihnen gleich sagen, solange dieses Buch nicht fertig geschrieben ist und ein Mega-Bestseller wird. Aber lassen Sie mich und mein Kind am Leben! Ich flehe Sie an!«

Das Männchen schüttelt den Kopf.

»Genau das geht leider nicht – du kannst alles behalten, was du hast, zumindest für jetzt, aber ich kann dich nicht am Leben lassen – zumindest nicht für immer. Das scheint ja gerade dein Problem zu sein, das ganze Älterwerden. Deshalb bin ich hier. Und ich bin kein Einbrecher. Ich bin Gott. Das hab ich doch schon gesagt. Wie viel Zeit die Leute heutzutage immer vergeuden, bis sie mir glauben! Früher war auch das viel einfacher. Kaum war ich da, sind schon alle auf die Knie gefallen und fingen an zu beten.«

Ich starre das Männchen an. Gott? In meinem Badezimmer? Nachts um 4:48 Uhr?

Warum nicht?

»Ich will einen Beweis. Sonst rufe ich doch die Polizei«, sage ich, stehe auf und ziehe schnell meine Pyjamahose hoch. Falls der Typ doch nicht Gott ist, könnte ich ihm vielleicht mit meinem Föhn eins überziehen. Und falls es doch Gott ist, macht es ihm sicher nichts aus, meinen nackten Po zu sehen.

Das Männchen seufzt und verwandelt sich vor meinen Augen in meine Großmutter. In meine verstorbene Großmutter, versteht sich.

»Nun, zufrieden?«, murmelt meine Großmutter kopfschüttelnd. »Kind, du hast noch eine Minute und zwölf Sekunden. Nutze die Zeit.«

Fuck. Mir fällt die Kinnlade runter. Und dann fängt mein Gehirn an zu rasen. Hier sitzt Gott, und ich kann ihn endlich mal alles fragen, was ich schon immer wissen wollte. Alles, was mir in letzter Zeit auf der Seele liegt und was mich nachts nicht schlafen lässt. Und dann auch noch alles, was die Menschheit schon immer wissen wollte und nie erfahren hat.

Dann hole ich tief Luft und lege los:

»Warum muss ich alt werden? Und warum muss ich sterben? Warum werden überhaupt nur Frauen alt, und Männer kommen in die besten Jahre? Und warum hast du dir das mit der begrenzten Fruchtbarkeit bei Frauen einfallen lassen? Das ist furchtbar ungerecht. Und machomäßig. Kein Wunder, dass dich alle für einen Mann halten. Das mit dem Älterwerden ist nicht lustig. Das kann ich dir sagen. Wenn du wirklich allmächtig bist, bist du, mit Verlaub, ein Arschloch. Wollte ich dir schon immer mal sagen. Und wir wollen hier nicht nur über das Älterwerden sprechen, sondern über das ganze Elend der Welt. Das geht so nicht, wenn man allmächtig ist. Das ist eine Zumutung und eine Schweinerei! Das musst du ändern, und zwar sofort. Ich dachte, wir sind nach deinem Ebenbild geformt! Wirst du etwa älter??? Nein, nein, für dich ist die Ewigkeit gedacht und für uns der Rollator! Wahrscheinlich kannst du sowieso jede Gestalt annehmen, auch die von einer 25-jährigen Gisele

Bündchen! Das ist eine Gemeinheit. Eine einzige Schweinerei! Ich fordere die sofortige Überarbeitung des ganzen Systems und ein Ende des Welthungers und ...«

In diesem Moment tönt eine Stimme aus meiner Regendusche herab: »Ihre Zeit ist leider um. Danke, dass Sie unseren Service Zufallsstichproben-Besuchstour für Problemkinder genutzt haben.«

Ich blicke meine Großmutter verblüfft an. Das klang jetzt wie eine Durchsage am Bahnhof. Das kann doch wohl nicht wahr sein? Meine Großmutter verwandelt sich vor meinen Augen erneut, diesmal in einen lässigen Typen mit Nerd-Vollbart, und steht auf:

»Tut mir leid, ich muss jetzt leider zum Nächsten. Das mit dem Bevölkerungswachstum der letzten Jahre macht mir echt verdammt viel Arbeit. Von den dauernden Überstunden will ich gar nicht reden. »Seid fruchtbar und mehret euch!« – wenn ich gewusst hätte, wohin das führt, hätte ich das wahrscheinlich einfach weggelassen. Aber hinterher ist man ja immer schlauer.«

Der Typ mit dem Nerd-Vollbart beginnt langsam zu verblassen, ab und zu flackert dazwischen das Bild meiner Großmutter auf.

»Ja, aber? Meine Fragen! Du hast doch noch gar keine beantwortet! Was soll das? Du kannst jetzt noch nicht gehen! Warum müssen wir älter werden? Warum muss ich älter werden? Warum müssen wir sterben? Und was ist mit dem Welthunger?«

Der Typ kichert in seinen Nerd-Bart.

»Ach ja, das Älterwerden – denk doch einfach mal über die Alternative nach. ›Live fast – die young‹ wird bei dir ja wohl nix mehr. Diesen Zug hast du echt verpasst. Und

Unsterblichkeit ist für euch einfach nicht vorgesehen – im jetzigen System zumindest. Ich arbeite ja an einem Update – aber das ist alles ziemlich kompliziert, wie du dir vielleicht vorstellen kannst. Du weißt schon, kaum wird die Software aktualisiert, stürzt das ganze System ab.«
Noch bevor ich etwas sagen kann, ist er verschwunden.
Echt jetzt?
Das war's?
Zwei Minuten?
Und ich hab die Hälfte davon mit Pinkeln verbracht. Typisch!
Ich muss schon wieder pinkeln. Als ich mich wieder auf die Toilette setze, wird mir klar, das war alles nur ein Traum. Was soll Gott auch nachts in meinem Badezimmer? Der hat ja nun wirklich Besseres zu tun! Oder?

Verschlafen schlurfe ich wieder ins Bett, und dann fällt mir ein Spruch meiner Großmutter ein: »Ändere das, was du ändern kannst, und mit dem Rest musst du dich einfach anfreunden.« Gut, das mit dem Älterwerden lässt sich nun mal nicht ändern. Und die Alternative ist ja wohl noch bescheuerter. Da hat der liebe Gott schon recht.
Meine Großmutter war übrigens eine sehr gemütliche alte Dame, die mit dem Älterwerden nicht so viele Probleme hatte. Sie hat weder ihrer Jugend hinterhergeweint noch versucht, mit über sechzig so auszusehen wie mit dreißig. Ab und zu hat sie über ihre Knie gejammert, und ansonsten hat sie es sich ziemlich gemütlich gemacht. Und nebenher hat sie fünf Kinder bekommen und zwei Weltkriege überlebt – da wäre es doch wirklich lächer-

lich, sich über seine nicht mehr ganz so straffe Gesichtshaut aufzuregen.
Mit diesen Gedanken drehe ich mich noch mal im Bett um und denke: »Fuck the Falten – es gibt wahrlich Schlimmeres im Leben.«
Und dann schlafe ich endlich ein.

Generation al dente

Der geburtenstärkste Jahrgang war 1964. Doch komischerweise hat diese Generation keinen eigenen, schönen Namen bekommen so wie die 68er oder die Generation Praktikum, die Generation Maybe oder die Generation Y. Wir heißen nur ganz schnöde »geburtenstarke Jahrgänge« oder »Babyboomer«. Als wäre es nicht schon gemein genug, dass wir massenweise Monika, Andreas, Sabine, Stefan, Susanne, Michael oder Petra heißen, bezieht sich unser Generationenname auch nur auf die Masse. Namen, die in der Masse untergehen. Was verbindet man dagegen nicht alles mit den 68ern! Revolution, Aufbruch, Weltveränderung. Und wir? Wir sind die Epigonen.
Nur die Werbung hat uns jetzt als Zielgruppe für scheinbar nette Ausdrücke, in Wahrheit aber wenig schmeichelhafte Etiketten entdeckt. Wissen Sie, wie die über uns reden? Hier ein Auszug aus einem Papier der Reisebranche:
»Dies gilt besonders für die Gruppe der über Fünfzigjährigen, der sogenannten Best Ager, auch Generation 50plus, Silver Ager, Third Ager, Mid Ager oder Master Consumer genannt. Wichtig, Best Ager sind keine Senioren! Meist fühlen sich Best Ager rund zehn Jahre jünger, als sie tatsächlich sind. Best Ager stehen mitten im Leben, sind aktiv und offen für Neues. Oft stehen sie noch mit beiden Beinen im Berufsleben oder haben die Berufstätigkeit erst vor kurzem beendet. Ihre Interessen sind vielschichtig. Die Themen Abenteuer, Fitness und Ge-

sundheit haben einen hohen Stellenwert. Nie waren Best Ager fitter und erlebnishungriger als heute.«
Nicht bloß beim »Master Consumer« rollen sich mir die Zehennägel auf. Das muss man sich mal vorstellen! In meinem Abiturjahrgang war nur ein Einziger (soweit ich mich erinnere), der *nicht* gegen Atomkraft, amerikanischen Imperialismus und »Konsumterror« wetterte. Es war schick, Orchideenfächer zu studieren, und Betriebswirtschaftsstudenten hatten den Ruch, korrupt zu sein. Wie kann man nur Karriere machen wollen? Was waren denn das für Leute? Volkswirtschaft ging ja gerade noch, aber meine beste Freundin, die sich auf einen Banker einließ, wurde kaum mehr auf Feten (so hieß das damals) eingeladen. Vielleicht waren wir durch die heile Welt amerikanischer Kinderserien geprägt? Daktari und Bonanza liefen am Wochenende, als wir klein waren und als das Kinderprogramm gegen die Sportschau anzukämpfen hatte. Vielleicht waren wir auch durch unsere Selbständigkeit geprägt? Denn nie und nimmer im Leben wäre es meiner Mutter oder den Müttern meiner Freunde eingefallen, mit uns Hausaufgaben zu machen oder mit uns zu lernen. Trotzdem entwuchsen gerade unserer Generation oft die ersten weiblichen Akademikerinnen der Familie. Wir studierten in den blauen Tag hinein – was später mal ein Beruf werden sollte, war zweitrangig.

Es war geradezu spießig, mit 25 Jahren schon an den Arbeitsmarkt, eine Familiengründung oder gar einen Hausbau zu denken. Eltern, die vorschlugen: »Denk doch mal an die Zukunft«, hielten wir entgegen, dass wir vielleicht gar keine Zukunft mehr hätten, wenn es mit dem Waldsterben, dem Ozonloch und der Überbevölkerung so weiterginge. Trotzdem ließen wir uns von der drohenden Apokalypse nicht einschüchtern. Wir trampten nach Italien, lernten, dass man Pasta ganz und gar nicht mit Eiernudeln verwechseln darf, dass sie al dente gehören und nur ganz schreckliche Deutsche Spaghetti mit Gabel UND Löffel essen. Wir entdeckten den Espresso, der nicht mit deutscher Brühe verglichen werden durfte. Wir importierten italienisches Designgefühl und Toscana-Wein.

Das Waldsterben blieb aus, das Ozonloch füllte sich wieder, die Energiewende sorgte für abgeschaltete Atomkraftwerke, und aus den ersten Bioläden wurden Supermarktketten. Einige haben doch noch eine gute Karriere gemacht, andere Familien gegründet und nicht wenige ein Haus gebaut. Unseren Kindern erzählen wir von der unvorstellbaren Zeit, als es weder Internet noch Handys gab. Ja, wie haben wir es eigentlich geschafft, uns damals zurechtzufinden? Und wieso leben wir überhaupt noch, wo doch damals, als wir klein waren, in jedem Wohnzimmer gequalmt wurde und Warnhinweise noch nicht erfunden waren? Ich erinnere mich tatsächlich noch an Medikamente meiner Oma, denen keine Packungsbeilage zugefügt war!
Und jetzt sollen wir »Best Ager« oder so ein Zeug sein?! Nein, wir haben einen besseren Namen verdient. Ich nenne uns nun einfach »Generation al dente« – denn nicht nur unsere Nudeln sind bissfest, sondern auch wir selbst immer noch knackig. Wir haben uns nicht weichkochen lassen.

Einladung zum 29. Geburtstag

»Eine Frau kann mit 19 entzückend, mit 29 hinreißend sein, aber erst mit 39 ist sie absolut unwiderstehlich. Und älter als 39 wird keine Frau, die einmal unwiderstehlich war!«

Gemäß diesem Zitat von Coco Chanel brüte ich am Küchentisch über einem Einladungsschreiben zu meinem »39. + x Geburtstag«. (Um die mathematische Variable nicht zu spannend zu machen: Es handelt sich bei dem »x« um eine Elf). Soll ich die Leute wirklich zu meinem »39. Geburtstag« einladen? Fühlen sich dadurch nicht ältere Freundinnen verarscht? Oder rufen entfernte Bekannte, die ich schon länger nicht mehr gesehen habe, dann enttäuscht: »39? Du siehst aber viel älter aus!« Soll ich das Zitat von Coco Chanel dazustellen, damit es auch wirklich jeder kapiert?

Ich verwerfe die Idee wieder und bastle eine »Fifty-Party«-Einladungskarte mit vielen Luftballons. Aber wie albern wirkt das eigentlich, eine Einladung zum Fünfzigsten mit Luftballons zu garnieren! Das ist doch kein Kindergeburtstag! Aber was soll ich denn stattdessen bildlich gestalten? Meine Falten vielleicht? Zu so einer Grufti-Veranstaltung kommt doch kein Mensch! Ich zerknülle das Papier und überlege, ob ich diesen Geburtstag überhaupt feiern soll. Ist es nicht schrecklich, plötzlich eine »5« vorne stehen zu haben? Es ist schließlich überhaupt kein Spaß, plötzlich so alt zu werden, schon gar nicht als Frau! Urplötzlich fünfzig – und da soll frau auch noch witzig sein? Ach was, ich mache gar kein Fest, ich werde mich an dem Abend einfach in mein Bett verkriechen und meine Wunden lecken!

»Was ist denn mit dir los?«, fragt meine Tochter, die am Küchentisch vorbeikommt.
»Nichts!«, antworte ich knapp.
»Komm schon, Mama!«
Meine Tochter kennt mich manchmal besser als mein Mann. Also gut. Ich gestehe ihr alles und füge hinzu, dass man das in ihrem Alter einfach noch nicht verstehen kann. Mit fünfzehn wäre ich auch viel lieber älter gewesen.
Eva grinst. Sie hat eine Idee. Kein Mensch auf der Welt könne mir vorschreiben, welchen Geburtstag ich nachfeiere. Ob ich denn den 29. Geburtstag damals gefeiert hätte? Ich überlege, kann mich nicht mehr erinnern, rechne nach: Nein, da war ich gerade im Prüfungsstress, da konnte ich nicht feiern. Na also!
Meine 29. Geburtstagsfeier wird der Hit. Wir feiern lustig bis in den frühen Morgen. Nicht nur weil die »29« ein tolles Gesprächsthema ist und Geschenkideen liefert (29 Rosen, 29 Früchte, 29-Euro-Gutscheine), nein, sie kann auch gleich als Vorbild für das nächste Fest genommen werden. Und die durchgemachte Nacht stecke ich weg, als wäre ich tatsächlich 29!

Aus der Reihe
»Die schönsten Orte der Welt« –
Heute: Die Führerscheinstelle

Neulich bei der Führerscheinstelle: Der Warteraum ist überfüllt. Um mich herum überwiegend junge Leute. Wird denn nur älteren Leuten wie mir die Handtasche mitsamt Führerschein gestohlen? Bin ich jetzt am Ende vielleicht schon ein altes Mütterlein und bevorzugtes Diebesopfer? Ach was! Der Handtaschendiebstahl hatte Methode, das meinte auch der Polizist! Er (und er war geschätzte 25!) hätte es bei dieser Raffinesse auch nicht gleich bemerkt, wenn man ihn so hinterhältig ausgetrickst hätte.
Zurück zur Führerscheinstelle: Zehn Sitzplätze für gefühlt tausend Wartende. Ich wünsche mir Benzinpreise um die fünf Euro, bis mir einfällt, dass ich dann ja auch nicht mehr tanken könnte.
Direkt neben mir steht ein Mann auf, der nun an der Reihe ist. Ich lasse mich auf dem Sitzplatz nieder, hole mein Notizbuch aus der Tasche und arbeite. So kann ich die Wartezeit, die ich auf gut zwei Stunden schätze, wenigstens nutzen.
Arbeiten. Warten. Abschweifen. Warum gibt es Führerscheine und warum noch viel mehr Führerscheinstellen? Könnte man das nicht irgendwie anders regeln? Fahrrad fahren darf doch auch ein jeder, der es einfach kann! Ja, Auto fahren ist weitaus gefährlicher. Ich weiß schon.

Aber auf welche Gedanken würden Sie so kommen, wenn Sie in einem Amt sitzen und warten und arbeiten und abschweifen? Bei jedem Ton, der die nächste Wartenummer aufruft, wandert mein Blick vom Notizbuch auf die Anzeigetafel. Das Ziel rückt näher, aber ist immer noch unendlich weit entfernt.
Ich muss aufs Klo. Meine neue Handtasche werde ich ganz bestimmt nicht liegen lassen, um mir den Sitzplatz zu reservieren. Aber vielleicht mein Notizbuch? Nein! Wie viel mehr ist mein Geist denn wert. Die schriftlichen Ergüsse dieses, meines Geistes. »Die Jacke!«, fällt mir ein, und ich lasse einfach meine Jacke liegen und suche die Toilette.

Als ich zurückkomme, faucht gerade ein junger Mann eine junge Frau im Warteraum an: »Haste einen an der Klatsche, die alte Frau zu verjagen, du doofe Tusse?«
Wo ist die alte Frau? Ich sehe keine.
Verdammt! Die junge Frau wollte sich auf *meinem* Sitzplatz niederlassen – sie schob *meine* Jacke zur Seite. Der junge Mann lächelt mich siegessicher an. Die junge Frau stellt sich an den Rand.
Ich setze mich wieder. An Arbeit ist nicht mehr zu denken. ICH bin die ALTE FRAU. Wie furchtbar, wie schrecklich, grauenhaft! Plötzlich wird meine Nummer aufgerufen – wie konnte diese Wartezeit nun so schnell vergehen? Nur im Ärger! Über die alte Frau. Gut. Dann bin ich lieber eine alte Frau als eine lange Wartende. Dem freundlichen Führerscheinbeamten erkläre ich: »Ärger hält jung!« Der blickt mich an, als sei ich ein altes Mütterlein, dem man gerade die Handtasche gestohlen hat.

Halali – Auf, auf zum fröhlichen Jagen!

Ach, lang, lang ist's her!
Als ich jung war, war ich ein blondes, vollbusiges Reh, und die Männer machten reihenweise Jagd auf mich. Ich stand auf einer Party, im Supermarkt oder einfach so in der Gegend herum und konnte mir aussuchen, wer mich abschießen durfte. (Das stimmt natürlich nicht so ganz, aber im Rückspiegel des Lebens werden die Dinge gerne etwas unscharf. Das ist eine der wenigen angenehmen Nebenwirkungen des Älterwerdens.)
Ach, lang, lang ist's her.

Jetzt, wo ich über fünfzig bin und offensichtlich unsichtbar für die Männerwelt, hat sich mein Leben vollkommen verändert. Aber kein Grund zur Verzweiflung – es ist Hoffnung in Sicht! Denn es gibt die gute Fee Ojeminee, und die hat sich für uns ältere Frauen, die wegen einer blöden Scheidung wieder solo sind, etwas ganz Tolles einfallen lassen. Sie macht einmal wuschiwusch und schnippeldiklick mit ihrem Zauberstab – und, siehe da, wir verwandeln uns in eine Cougar. Jawohl, eine Cougar! Für alle, die jetzt nicht so genau wissen, was eine Cougar ist: Cougar ist der amerikanische Ausdruck für ältere Frauen, die jüngere Männer daten, verführen, jagen und erlegen. Wieder einmal sehen wir: Alles Gute kommt aus Amerika – Coca-Cola, wabbeliges Brot und ein paar TV-Serien, ohne die mein Leben sinnlos wäre.

Nun, auf jeden Fall kam neulich die Fee Ojeminee bei mir vorbei, blickte mich mit ihren kurzsichtigen Augen an und befand, dass ich reif für den Zauberstab sei. Dazu muss man wissen: Man braucht als Frau mindestens eine graue Strähne im Haar, um überhaupt eine Cougar werden zu können. Cougar heißt nämlich übersetzt Puma, und die haben ja so ein schönes, silbergraues Fell. (Gott, bin ich froh, dass die Amis bei der ganzen Sache nicht an die Silberrücken bei den Gorillas gedacht haben. Ich würde mich nur sehr ungern in einen riesigen Menschenaffen mit Übergewicht verwandeln lassen. Ein Puma ist da doch wesentlich eleganter.) Wenn man als Frau jedoch keine einzige graue Strähne hat, kann man keine Cougar werden. Da hilft auch der beste Zauberstab nichts, meinte die gute Fee Ojeminee.

Nun, ich habe eine Menge grauer Haare und war außerdem schon viel zu lange nicht mehr beim Friseur, was mir bei der Gelegenheit peinlich auffiel. Aber keine Sorge, meinte die gute Fee Ojeminee, mir solle das nicht peinlich sein, wenn die Haare frisch gefärbt wären, hätte sie sogar viel mehr Arbeit. Aber so, mit diesem netten grauen Zwei-Zentimeter-Ansatz, wäre es ganz einfach, mich in eine Cougar zu verwandeln. Die gute Fee machte also wuschiwusch und schnippeldiklick mit ihrem Zauberstab, und schon war ich ein Puma und somit in der Lage, jüngere Männer zu erlegen.

Also, ich kann die gute Fee Ojeminee nur allen meinen geschiedenen, getrennten, frustrierten Freundinnen empfehlen. Sie ist zwar ziemlich ausgebucht, aber manchmal hat sie doch noch das eine oder andere Terminchen frei. Bei Anfragen gebe ich gerne ihre Handynummer weiter.

Ich selbst habe ihre Nummer von meiner Freundin Meike, die schon seit längerem eine Cougar ist. Seit dem Besuch der Fee hat Meike einen jungen Kerl nach dem anderen. Es ist unglaublich. Und noch viel unglaublicher ist, wie unglaublich diese jungen Männer sind. Und damit meine ich nicht nur das eine … Aber das natürlich auch. Meike meinte, seit sie eine Cougar sei, habe sie Sex ohne Ende. Wie sagte schon Madonna, die Mutter aller Cougars, so treffend: »Ich bevorzuge junge Männer. Sie wissen zwar nicht genau, was sie tun, aber sie tun es die ganze Nacht.«

Und endloser Sex ist ja nicht das Einzige, was ein jüngerer Mann zu bieten hat. Ich habe von problemloser Mithilfe im Haushalt munkeln gehört, von Sixpacks statt Bierbauch, von Spontaneität, selbstverständlichem Klodeckel-Runtermachen, von ungeahnten Kochkünsten und spontanen Trips nach Goa. Jüngere Männer entspringen einfach einer anderen Generation, für die Emanzipation kein Fremdwort ist. Anders lässt sich das alles einfach nicht erklären.

Nach den Gesprächen mit Meike war mir auf jeden Fall klar – ich möchte auch eine Cougar werden. Ich brauche nicht nur dringend einen Mann. Ich brauche ganz klar einen jüngeren Mann! Und so kam es, dass mich die gute Fee Ojeminee mit ihrem Zauberstab von der Gejagten zur Jägerin machte.

Mittlerweile hat sich aber herausgestellt, dass das alles gar nicht so einfach ist, wie Sie jetzt vielleicht denken. Das ist eine Umstellung, sag ich Ihnen!

Kaum hatte die Fee ihr Werk getan, meldete sich schon ein jüngerer Mann bei mir. Rief einfach so an und wollte

mich daten. Er sagte, er sei 35 und auf der Suche nach einer Cougar. Er schickte sogar ein nettes Bild über das Internet. (Das macht man heutzutage so, trotz Feenstaub.) Also, der Typ war gar nicht schlecht.
Aber ich. Ich war furchtbar schlecht als Cougar. Irgendwie war ich noch nicht so recht an das Ganze gewöhnt. Ich antwortete ihm, dass ich mich über sein Interesse freue, aber ob ihm klar sei, dass ich seine Mutter sein könnte und dass ich mir nicht jeden Tag Botox spritzen mag.
Ojemine.
Das war vielleicht ein Fehler.
Das war ganz eindeutig ein Fehler.
Irgendwie hatte das mit der Verwandlung vom Reh zum Puma noch nicht so ganz geklappt. Schließlich hätte ich mir den Typen laut Feenhandbuch einfach schnappen und ins nächste Bett zerren sollen.
Aber egal.

Ich hatte gar keine Zeit, lange darüber nachzudenken, da rief schon der nächste jüngere Mann an. Und diesmal machte ich ein Date mit ihm aus.
Was soll ich sagen? Es war ein wunderbarer Abend.
Der Typ – Max – war nett, sah gut aus, hatte Manieren, wir gingen zu einem echt leckeren Italiener, und an allen anderen Tischen im Lokal saßen ältere Männer mit wesentlich jüngeren Frauen.
Diese älteren Männer mit den jüngeren Frauen gibt es im Gegensatz zu uns Cougars schon seit Jahrhunderten. Wie mir die gute Fee Ojeminee erzählte, war früher die Fee Achnee für diese Konstellation zuständig. Doch sie hat schon vor mehr als einem Jahrtausend das Handtuch

geschmissen. Ihr Job war einfach nicht mehr nötig. Denn der ältere Mann und die jüngere Frau finden sich auch ganz ohne Zauberstab. Oft habe das was mit Geld zu tun, so die Fee Achnee, die deshalb in den vorzeitigen Ruhestand gegangen war.

Egal. Ich saß also in diesem netten Lokal einem interessanten jungen Mann gegenüber. Doch ich konnte mich leider weder auf ihn noch auf mein Saltimbocca konzentrieren.

Als Erstes fing nämlich mein (nach einer Schwangerschaft nicht mehr ganz so schöner) Bauch an zu meckern: »Du willst doch heute Abend nicht etwa Sex mit dem Typen? Kommt nicht in Frage! Schau dir mal sein Sixpack an. Das sieht man ja noch durch das Hemd hindurch. Da sind nur Muskeln. Ganz anders als bei dir! Deswegen trägst du ja auch die weite Bluse. Die nützt dir aber später bei ihm zu Hause nichts mehr. Willst du mich noch mehr einziehen? Und das nach Saltimbocca mit Polenta? Oder willst du mich gar operieren lassen? Du bist wahnsinnig! Du wirst nur noch im Dunkeln Sex haben – im Stockdunkeln, versteht sich.«

Kaum hatte ich meinen Bauch mit einer Panna Cotta etwas zur Ruhe gebracht, meldete sich mein Bankkonto bei mir: »Du glaubst gar nicht, was Botox auf die Dauer kostet! Und ständig wirst du zur Kosmetikerin rennen müssen! Und der teuerste Friseur der Stadt wird gerade gut genug für dich sein! Und was kostet eigentlich der Personal Trainer von Meike? Das ist alles viel zu teuer. Du kannst dir diesen Typen als alleinerziehende Mutter gar nicht leisten, falls er überhaupt sein Essen selbst zahlen will. Der will wahrscheinlich sowieso nur von dir ausgehalten werden! Schau dich doch mal um: Überall die Sugar Daddys mit ihren Mädels – die müssen ganz schön was auf dem Bankkonto haben, um die grauen Haare auszugleichen! Warum, um alles in der Welt, sollte sich ein jüngerer Mann sonst für eine ältere Frau interessieren?«

Kaum hatte ich mein Bankkonto zum Schweigen gebracht, indem ich um die Rechnung bat und den Typen einfach einlud, meldete sich die Oberlehrerin in mir: »Und was ist in fünf Jahren? Oder in zehn? Oder in zwanzig? Dann bist du nicht nur etwas älter als er, sondern steinalt. Rechne dir diesen Altersunterschied doch mal aus! Wenn du siebzig bist, ist der Typ 55. Der will dann garantiert nicht mehr mit einer alten Schachtel hier sitzen, sondern ein Sugar Daddy sein, mit einer jungen, hübschen Frau an seiner Seite.«

Der Abend war furchtbar. Ich bekam gar nicht mit, was Max redete, so sehr war ich damit beschäftigt, meinen Bauch, mein Bankkonto und die Oberlehrerin zum Schweigen zu bringen. Schließlich endete auch dieser Abend, und Max brachte mich zum Auto.

Ich war weit davon entfernt, eine Cougar zu sein. Ich wollte nur noch nach Hause – allein! Und mich einsam mit meinem alten Schlaf-T-Shirt ins Bett legen.

»War ein schöner Abend«, sagte Max.

»Ja, war es.«

»Echt? Ich hatte das Gefühl, du warst nicht ganz bei der Sache.«

»War ich auch nicht. Tut mir leid. Liegt nicht an dir. Ich sollte nach Hause gehen.« Und dort dringend die gute Fee Ojeminee noch mal anrufen – da ist irgendwas schiefgelaufen. Vielleicht war ihr Zauberstab gerade nicht ganz aufgeladen, als sie mich verwandelte?

»Also dann, gute Nacht«, murmelte ich noch und war schon dabei, mich ins Auto zu setzen, als Max mich einfach packte, gegen die Autotür drückte und mir den besten Kuss seit zweihundert Jahren verpasste.
Tja.
Mehr wird nicht verraten. Nur so viel: Es kann sehr schön sein, eine Cougar zu sein. Auch als Cougar muss man offensichtlich nicht immer jagen. Und von meinem Bauch, meinem Bankkonto und meiner Oberlehrerin habe ich seit diesem Kuss nie mehr etwas gehört.

Übrigens: Falls die gute Fee Ojeminee in absehbarer Zeit keinen Termin für Sie frei hat: Es gibt mittlerweile im Internet einige Cougar-Dating-Seiten, die einem versprechen, gegen eine geringe Gebühr – so etwa zwei Millionen Euro im Monat – ältere Frauen mit jüngeren Männern zusammenzubringen.
Also, Mädels: Halali! Auf, auf zum fröhlichen Jagen!

Der lustige Wörter-Friedhof

Wir können uns meist noch gut an die Mode unserer Kindheit und Jugend erinnern. Wir haben noch die Musik in den Ohren, die wir früher immer hörten. Wir riechen noch die Lieblingsgerichte, die unsere Mutter für uns kochte. Aber die meisten von uns haben vergessen, wie wir selbst damals gesprochen haben. Unsere Jugendsprache alterte nicht mit uns, sondern ließ sich »freiwillig begraben« – wie wir damals sagten.

Auf der Suche nach dem Wörter-Friedhof fand ich auf Facebook die Gruppe »Fast vergessene deutsche Wörter«. Mit Hunderten anderen Usern erinnerte ich mich an alle möglichen Begriffe aus der Jugend. Wir wurden sentimental und lustig – und waren plötzlich in der Zeitmaschine dreißig Jahre zurückgereist. Die Liste möchte ich Ihnen nicht vorenthalten. Und ich bin gespannt, wie alt Sie sich nach dem Lesen fühlen!

Begriffe aus der Jugend:
Superduper
Beatschuppen
Affengeil
Die Tussen abchecken
Das fetzt
Dufte!
Schickse!
Schnalle (abwertend für Mädchen)

Okidoki
Abrocken
Boah ... wie die Sau
Haddu Möhrchen?
'nen Hänger haben
Fluppe
Uhu (für unter Hundertjährige)
Oberaffentittengeil
Keule (für Freundin)
Rolli
Der Depp vom Dienst
Jute statt Plastik
Volle Pulle
Wuchtbrumme
Kosmonautenmütze
Nickipulli
Easy peasy!
Ich geh kaputt (vor Freude)
Härte zehn
Voll wie eine Strandhaubitze
Spitze!
Stark!
Abhängen (heute: chillen)
Null Problemo
Petting
Gammler
Hot Pants
Astrein
Das ist ja 'ne Schau!
Matratze (für leichtes Mädchen)
Voll der Feez
Barras

Klar machen
Null Bock
Schulterpolster
Vorne-kurz-hinten-lang (Haarschnitt)
Knorke
Koffern
Sause (für Feier/Fest)
Antörnen/Abtörnen
Steil (toll/klasse)
Softie
Keimfrei (langweilig)
Alles roger?
Jesuslatschen
Oschi
Bumsen
Abschleppen (verführen)
Tote Hose
Vokuhila
Eumel
Waldlauf
Bonzen
Galaktisch
Barbaba
Giftnudel
Superkalifragilistikexpialigetisch

Redewendungen aus der Jugend:
Einen an der Waffel haben
Ich glaub, mich streift ein Bus!
Macht kaputt, was euch kaputt macht!
Ich lach mich schlapp!

Ich glaub, mein Schwein pfeift!
Ja, bring dich mal ein, erzähl mal über deine Gefühle!
Wer zweimal mit derselben pennt, gehört schon zum Establishment.
Eine Frau ohne Mann ist wie ein Fisch ohne Fahrrad.
Dann mach ich mir 'nen Schlitz ins Kleid und find das wunderbar!

Und noch ein Witz von damals:
»Mama, Mama, ich will nicht nach Amerika!«
»Still, Kind, schwimm weiter!«

Bio-logisch: Ich wollt, ich wär Frau Pfau

Ach, wäre ich bloß eine Hindu! Ich würde die Götter anflehen, mich im nächsten Leben ein Pfauenweibchen werden zu lassen. Ja, ein Pfauenweibchen. Denn bei den Pfauen – wie bei vielen anderen Vögeln auch – hat ER knackig und prächtig geschmückt zu sein, während SIE, völlig unscheinbar, sich null Komma nichts um ihre Schönheit scheren muss. Keine Hautcremes, kein Friseur, keine stundenlange Klamottensuche, keine nervende Gymnastik, keine teure Kosmetikerin, kein Nagelstudio, kein Botox und keinerlei Depressionen beim Anblick der Falten im Spiegel. Nichts von alledem. Die Frau Pfau darf einfach bloß eine Henne sein, um die die Männchen buhlen – Männchen, die ständig im Schönheitswettbewerb aufrüsten, sogar zu dem Preis, unbeweglicher zu sein. Das Prachtgefieder männlicher Pfauen kann zwar bei drohender Gefahr blitzschnell abgeworfen werden und damit dem Vogel die Flucht ermöglichen. Im Normalfall aber schränkt es die Bewegungsfreiheit des Pfauenmännchens genauso ein wie die früher einschnürenden Korsetts bei Menschenfrauen oder die heutigen High Heels, deren praktischer Zweck eindeutig gegen null tendiert und die nur der Schönheit dienen.
So eine Pfauengesellschaft ist sozusagen das Realität gewordene feministische Ideal: Die Weibchen/Frauen werden nicht nach dem Äußeren definiert und definieren sich selbst nicht darüber. SIE sucht sich einfach den Partner

aus, der ihr am besten gefällt – und dafür betreiben die Männchen den Riesenaufwand, den wir Menschenfrauen so an der Backe haben. Und je älter wir werden, desto größer wird dieser Aufwand ja noch. Sprang ich früher bloß mal schnell beim Friseur vorbei, um mir die Spitzen schneiden zu lassen, so zahle ich heute das Dreifache und sitze fünfmal so lange im Salon, weil das Färben unumgänglich geworden ist. Und die Pfauenhenne sitzt da einfach so grau in grau herum und genießt die Sonne!
Warum ist die Evolution bloß so ungerecht gewesen? Hätte man das nicht zwischen Pfauen und Menschen umgekehrt einrichten können? Kann mal jemand beim lieben Gott nachfragen, ob wir nicht nachträglich noch tauschen können? Es gibt doch so viele Tauschbörsen im Internet, lässt sich da nichts finden?
»So einfach ist das nicht!«, flüstert mir da plötzlich eine Hindugöttin im Schlaf zu. »Du bist ein Mensch und kein Pfau!«
Was soll das jetzt bitte schön? Ist das eine Aufgabe wie das buddhistische Rätsel »Hörst du das Klatschen einer Hand?«? Natürlich bin ich ein Mensch und kein Pfau! Oder wollte sie etwa andeuten, dass ich mit meinem Wunsch fürs nächste Leben durchaus Erfolgsaussichten habe?

Blödes Rätsel – es geht mir nicht mehr aus dem Kopf. Und da eine Frau ab 39 die Dinge entweder auf sich beruhen lässt oder ihnen nachgeht (aber keinesfalls länger als eine Woche im Hinterkopf wabernd mit sich herumträgt!), wühle ich mich durch biologische Wälzer und entdecke schließlich bei Josef H. Reichholf in »Der Ursprung der Schönheit« Erstaunliches.

Haben Sie sich schon einmal gefragt, warum wir kulturübergreifend bestimmte Schönheitskriterien haben? Die Mode mag mal Dickere oder Dünnere, Locken oder glatte Haare, helle oder dunkle Haut favorisieren. Andere Merkmale galten zu fast allen Zeiten und in allen Ländern als schön – und sie tun es heute noch: seidige Haut, glänzende Fingernägel und Haare, feste Brüste und ein strammer Po, große Augen, wenig weibliche Körperbehaarung, rote Lippen und lange Beine. Genau an diesen Stellen bessern wir Frauen laufend nach. Wir verwenden Make-up, bringen die Haare mit Spülungen zum Glänzen, wir lackieren unsere Fingernägel, tragen Büstenhalter, machen Po-Gymnastik, schminken uns die Augen größer, rasieren die Achselhaare, legen Lippenstift auf und tragen Schuhe mit hohen Absätzen, um die Beine länger wirken zu lassen.

Aber warum gelten gerade diese Bereiche als Schönheitsmarker? Der Biologe Josef Reichholf hat dazu zwei Erklärungen: Erstens finden wir schön, was uns von unseren nächsten Verwandten, den Menschenaffen, unterscheidet. Demnach betonen wir den aufrechten Gang mit hohen Absätzen und enthaaren uns. Zweitens finden wir Jugend schön, weil sie Fortpflanzungsfähigkeit verspricht. Glänzende Haare und Fingernägel verraten einen guten Gesundheitszustand durch beste Ernährung, und mit großen Augen wirken wir via Kindchenschema jünger. Auch das feste Gewebe an Busen und Po deutet dem Sexualpartner gute Fortpflanzungsfähigkeit an. Rote Lippen signalisieren Durchblutungsstärke. Schon als Zwanzigjährige versuchen wir mit Schminken noch mehr Jugend und Gesundheit vorzutäuschen.

So weit, so gut – so schrecklich für uns Ältere. Aber warum ist es bei uns nicht wie bei den Pfauen? Warum wird der ganze Schönheitszirkus uns Frauen aufgebürdet? Auch dazu hat Reichholf eine Erklärung. Und die unterscheidet sich von anderen biologischen Thesen, die im darwinschen Sinne behaupten, Männer würden wählen, und wir würden uns im Sinne der sexuellen Selektion schön machen, um zur Fortpflanzung auserkoren zu werden.

Im Prinzip ist aber genau das Gegenteil der Fall: Wie jede Frau weiß, ist es ein Kinderspiel (und das auch in unserem Alter noch!), einen Mann für eine Nacht ins Bett zu kriegen. Ganz davon abgesehen, dass es auch einen »Beruf« gibt, der sich das sogar bezahlen lässt. Zur Fortpflanzung alleine müssten wir uns gar nicht aufhübschen. Aber wir Frauen wollen den One-Night-Stand normalerweise überhaupt nicht. Gelegentliche seitenspringende Episoden mal außer Acht gelassen, suchen wir nach einem verlässlichen, treuen und sorgenden Partner. Doch warum ist das so? Warum vögeln wir nicht wie die Bonobo-Menschenaffen durch die Gegend, wie es uns gerade gefällt, und bauen damit Aggressionen ab? Wir Menschenfrauen suchen im Prinzip (Ausnahmen gibt es natürlich immer) nach dem Mann fürs Leben. Auch wenn uns die Erfahrung des Alters lehrt, dass Männer kommen und gehen – tief im Inneren hoffen wir immer wieder auf den Mann fürs Leben, auf die große Liebe. Fast alle meine Freundinnen würden den Satz unterschreiben: Sex macht mir nur Spaß, wenn ich zumindest ansatzweise verliebt bin. Eine Pfauenhenne würde darüber vermutlich höchst irritiert den Kopf schütteln. »Spinnen die, die Menschenweibchen?«

Frau Pfau redet sich aber auch leicht – die brütet ein paar Tage oder Wochen ihre Eier aus, und spätestens nach einer Saison braucht sie den Erzeuger dazu nicht mehr. Der Nachwuchs ist flügge, und Frau Pfau kann wieder völlig ohne Verpflichtungen im Park in der Sonne vor sich hin träumen und den Namen des Vaters ihrer Kinder getrost vergessen.

Bei uns Menschen ist das nun mal ganz anders. Biologisch gesehen, sind unsere Neugeborenen Früh-Frühchen. Kein anderes Säugetier kommt dermaßen körperlich unterentwickelt zur Welt wie unsere Kinder. Im Vergleich zu anderen Menschenaffen hinken unsere Babys der körperlichen Reife nach der Geburt um ein Jahr hinterher, und die Aufzucht zu Erwachsenen dauert rund siebenmal länger als bei ihnen. Die Extrembelastung des Großziehens verdanken wir Menschen unserem Gehirn, das schon bei der Entwicklung im Mutterleib so groß wird, dass es gerade noch so durch den Geburtskanal passt. Ein noch größerer Kopf könnte das weibliche Becken nicht mehr passieren. Die Evolution fand einen Kompromiss zwischen maximaler Gehirnentwicklung der Ungeborenen und anatomisch noch vertretbarer Beckengröße der Frauen.

Unser Hirn hat uns also die Aufzuchtmühe eingebrockt. Und weil das so irrsinnig viel Arbeit ist und nächtelange Überstunden erfordert, bis die Kids mal das Haus verlassen, haben wir uns evolutionär gedacht: »He, nicht mit uns! Soll der Typ vom One-Night-Stand doch auch seinen Beitrag dazu leisten und gefälligst beim Windelnwechseln helfen!«

Deshalb suchen wir einen Partner, der bei uns bleibt und mit uns die Brut aufzieht. Rein biologisch gesehen, suchen wir deshalb nach dem Mann fürs Leben. Auch wenn wir in unserem Alter keine Kinder mehr kriegen können – die »Programmierung« bleibt. Und genau deshalb machen wir uns schön und wollen immer jünger scheinen – um den Partner mit Attraktivität dauerhaft an uns zu binden. So paradox das zunächst klingt: Wir wollen nicht jung und schön sein, um Sex zu kriegen, sondern um den Mann zu behalten. Denn ihm bereitet nicht nur Sex Lust, sondern auch das Versprechen darauf. Statistiken zufolge bestärken zärtliche Berührungen innerhalb der Partnerschaft das Bindungsverhalten der Männer. Je öfter in Beziehungen gekuschelt wird, desto attraktiver finden Männer ihre Frauen – und desto unattraktiver andere Frauen.

Der Mensch hat Sex und Fortpflanzung »entkoppelt«, nicht erst seit der Erfindung der Pille. Frauen schlafen auch an unfruchtbaren Tagen mit ihren Männern, weil es die Bindung in der Partnerschaft durch den Lustgewinn stärkt. Und die feste Bindung bringt wiederum Vorteile in der Aufzucht mit sich. Der Kirche war die Trennung von Fortpflanzung und lustvollem Sex schon immer ein Dorn im Auge. Deshalb stellte sie sich gegen Onanie und Homosexualität – beides dient nicht der Erzeugung von Nachwuchs.

Aber wir sind doch keine Tiere, nicht bloß biologisch gesteuert, mag frau einwenden. Richtig. Es gibt noch etwas darüber hinaus, für das weder Biologen noch Feministinnen eine gute Erklärung haben: die Liebe. Sie hebt uns, genau wie das Hirn, von anderen Lebewesen ab. Der Liebe haftet ein wenig der Ruf des Altmodischen an, sie wird dem Schlagerkitsch oder Soaps zugeordnet. Schade, das hat sie eigentlich nicht verdient. Denn wenn ich es mir recht überlege, ist sie der wichtigste Grund, warum ich doch nicht mit der Frau Pfau tauschen möchte. Hindugöttin, aufgepasst: Ich nehme meinen Wunsch zurück und bitte nur darum, zehn Jahre jünger zu sein ...

BaBaBaBaBanküberfall

»Meinst du, ich kann statt diesem ewigen Schwarz eventuell auch ein leichtes Greige bei der Strumpfhose nehmen? Ich meine, wenn sie trotzdem blickdicht ist? Ich finde, Schwarz steht mir nicht mehr so gut, seit ich über vierzig bin. Schwarz ist einfach so eine harte Farbe, und wenn ich schlecht geschlafen habe, sieht sie noch härter aus. Und ich schlafe da vorher ganz sicher schlecht vor lauter Aufregung.«
Ich blicke Lisa etwas verwundert an. Greige? Wo hat sie das denn wieder her? Sie liest einfach viel zu viele Modezeitschriften.
»Was bitte ist Greige?«, frage ich nach.
»Na, eine Mischung aus Beige und Grau.«
»Mensch, Lisa, das ist doch völlig egal, was für eine Farbe das Ding hat, solange es blickdicht ist. Ich bin sowieso absolut für Skimasken – die gibt es mittlerweile auch im Blümchenlook, falls dir das was hilft«, wirft Nele ein, die Dritte in unserem Bunde.

Lisa, Nele und ich treffen uns schon seit Jahren. Früher zum nachmittäglichen Schluck Prosecco, während die Kinder im Sandkasten spielten, mittlerweile abends, während die Kids zu Hause vorm Computer hocken. Wir drei sind eine eingeschworene Gemeinschaft, unsere Freundschaft hat in den letzten Jahren einiges mitgemacht und überstanden: meine Scheidung, Lisas Dauerbeziehungskrise, die Zwillinge, die völlig überraschend

kamen, als Lisa schon dachte, sie sei in den Wechseljahren, und Neles Verlust ihres gutdotierten Journalistenjobs, als die Zeitung, für die sie arbeitete, insolvent wurde. Seitdem versucht sie sich als Freiberuflerin auf einem Markt, den es quasi nicht mehr gibt.
Tja. Und so sitzen wir drei alle paar Wochen zusammen, ratschen und tratschen und denken lautstark über unser Leben nach. Und je mehr Weißwein fließt, je später der Abend wird, desto lauter und interessanter werden die Gespräche.

Es muss vor vier, fünf Monaten passiert sein, als wir alle drei relativ zeitgleich den alljährlichen Rentenbescheid in unserem Postkasten fanden. Dieses Schreiben bekommt ja jeder einmal im Jahr, damit er sich so richtig auf seinen Ruhestand freuen kann. Natürlich war die Freude bei mir nicht allzu groß. Die Größe der Freude ist nämlich direkt proportional zur Höhe der monatlichen Auszahlung.
Ich muss ehrlich sagen, ich habe das Ding in den letzten Jahren immer nur überflogen und dann schnellstmöglich in einem Ordner abgeheftet und mir eingeredet, dass es bis 67 ja noch lange hin ist und ich es bis dahin ganz sicher schaffe, noch wunderbar für mein Alter vorzusorgen. Im Verdrängen bin ich einfach richtig gut.
Wenn man sich den Bescheid aber einmal genauer anschaut, wird klar, dass ich als Rentnerin wieder so leben muss wie als Studentin – ohne die Inflationsrate und den ganzen geriatrischen Bedarf wie Rollator, Schnabeltasse und Windeln mit einzurechnen. Und ohne die Aussicht, irgendwann einen gutbezahlten Job zu ergattern. Wahrscheinlich habe ich dann nicht mal mehr die Möglichkeit,

nebenher kellnern zu gehen. Mit dem Rollator ein volles Tablett durch eine Kneipe zu balancieren ist wahrscheinlich etwas schwierig. Die Leute mögen einfach nicht allzu lange auf ihr Bier warten.

Nun ja, all diese Gedanken konnte ich bisher gut verdrängen, bis es plötzlich bei unserem üblichen Koch- und Weinabend aus Nele herausplatzt:
»Es ist zum Kotzen! Es ist eine Schande! Habt ihr diesen Wisch von der Versicherungsanstalt für Angestellte auch bekommen?«
Nele blickt kampfeslustig in die Runde.
»Welcher Wisch? Von welcher Versicherungsanstalt? Ich habe da echt keine Ahnung, den ganzen Papierkram macht Peter. Ich bin froh, dass ich das nicht auch noch am Hals habe, mir reichen die Zwillinge. Und dann ist da ja auch noch mein Großer, der gerade mal wieder eine Fünf in Mathe nach Hause gebracht hat. Ich sage es euch, das hört nie auf …«, meint Lisa und gießt sich einen Schluck Wein nach.
»Ja, ich hab das Ding auch bekommen und wie immer gleich abgeheftet«, sage ich schnell und etwas verwundert. Machen das nicht alle so?
Nele blickt uns beide kopfschüttelnd an.
»Und von was bitte wollt ihr beiden dann im Alter leben, wenn ihr euch jetzt nicht darum kümmert? Ich jedenfalls habe eine zusätzliche private Rente, aber selbst damit werde ich kaum über die Runden kommen, jetzt, wo ich nur noch freiberuflich arbeite. Und ist euch überhaupt klar, dass in unserer Generation mehr als 40 Prozent aller Frauen eine Rente unter 600 Euro bekommen? Mehr als 40 Prozent! Das muss man sich mal vorstellen. Das ist

fast jede zweite Frau. Und das, obwohl die meisten von uns berufstätig waren und versucht haben, Kind und Job irgendwie unter einen Hut zu bekommen. Nun, egal. Ich wünsche euch schon mal viel Spaß dabei, an der nächsten Tafel anzustehen.«

Anstehen? An der Tafel? Ist das nicht etwas übertrieben? Ich bin doch noch keine achtzig.

Nein, aber ich werde irgendwann achtzig. Hoffentlich. Die Alternative ist ja noch weniger schön – wenn auch deutlich billiger. Wobei, ich habe gehört, ein halbwegs nettes Begräbnis kostet mittlerweile auch schon so um die 8000 Euro. Und das ohne Getränke.

Ach, Nele kann manchmal einfach etwas direkt sein.

»Also, so schlimm wird es schon nicht werden. Ich war schließlich fast neun Jahre verheiratet, und Armin muss mir etwas von seiner Rente abgeben.«

»Ach, wie schön! Waren das nicht nur so 35 Euro im Monat? Weil dein Ex-Mann selbständig ist und das meiste in eine private Rente reingepumpt hat, die beim Ausgleich nicht zählt? Warst du darüber bei der Scheidung nicht total sauer?«

Ich blicke Nele für einen Augenblick an. Verdammt. Die Frau hat recht – wie leider fast immer.

Nach der Geburt von Sophie erging es mir wie mehr als drei Viertel aller berufstätigen Mütter mit Kindern unter sechzehn Jahren: Ich bin in die Teilzeitarbeit gerutscht. Und mit Teilzeit macht man keine Karriere und baut schon gar keine Rente auf. Genau deshalb wird der weibliche Teil unserer Generation ein Problem mit der Rente haben. Frauen arbeiten überdurchschnittlich oft in Teilzeit – oder, noch schlimmer, in Minijobs. Der Familie wegen. Und selbst wenn wir Vollzeit arbeiten, verdienen

die Männer in unserem schönen Land durchschnittlich immer noch gut 20 Prozent mehr als wir Frauen. Und damit ist ihre Rente auch ungefähr doppelt so hoch wie bei gleichaltrigen Frauen. Wir sind hier in Deutschland einfach unglaublich weit mit der Gleichberechtigung – unglaublich weit hinten. In keinem der 34 OECD-Länder ist dieses Gefälle so groß wie in Deutschland. Das ergab eine OECD-Studie aus dem Jahr 2012.
»Nele, hör auf damit, du verdirbst uns den ganzen Abend.«
»Na, besser als sich selbst den ganzen Lebensabend zu verderben, weil man sich nicht um seine Rente gekümmert hat.«
»Ich kümmere mich schon um die Kinder. Um was bitte soll ich mich denn noch alles kümmern? Peter sorgt schon für uns.«
»Ach ja? Wie lange noch? Ich habe gedacht, ihr habt gerade Krise Nummer 129.«
»Ja, aber uns geht es schon wieder viel besser. Unser neuer Therapeut ist richtig klasse. Er meint, wir könnten schon viel besser unsere gegenseitigen Bedürfnisse erkennen und ...«
»Die Versorger-Ehe gibt es nicht mehr! Lisa, aufwachen!« Nele lässt einfach nicht locker: »Zack, zack mit einem Strich per Gesetz abgeschafft. Garantiert von ein paar Männern, die einfach keine Lust mehr hatten, für ihre Ex-Frau zu bezahlen, jetzt, wo sie eine junge und nagelneue Frau an ihrer Seite haben, die teure Schuhe braucht. Was bitte machst du, wenn dein Schatzi bei der nächsten Ehekrise nicht mehr mit zum Therapeuten geht, sondern lieber direkt zu seiner Geliebten?«
Lisa blickt Nele für eine Sekunde entsetzt an und bricht

in Tränen aus. Ich gehe zu ihr und nehme sie einfach mal in den Arm. Das hilft immer. Lisa ist eben nah am Wasser gebaut.
»Ach, meine Liebe, nicht weinen. Er hat dir doch versprochen, dass er mit der blöden Tussi Schluss gemacht hat. Und wenn nicht? Wir gehen nicht unter! Wir können ja immer noch eine Bank überfallen.«
Kaum ist dieser Satz draußen, bemerke ich ein gefährliches Glitzern in Neles Augen.
»Gar keine so schlechte Idee. Ich habe da mal vor Jahren einen Artikel geschrieben. Und sogar ein Interview geführt, mit einem Bankdirektor, dessen Filiale überfallen worden ist. Vorbereitung ist dabei anscheinend alles. Die Jungs hat man nie gefasst.«
»Du kannst doch nicht einfach so eine Bank überfallen.«
»Wieso? Wer sagt das?«
»Und wenn sie dich erwischen?«
»Dann geh ich eben mal kurz in den Knast. Mit Vollpension – Kost und Logis frei. In der Zeit spare ich dann meine Rente an. Im Knast brauche ich davon ja so gut wie nichts. Und wenn ich wegen guter Führung nach drei, vier Jahren wieder rauskomme, kann ich mir ein schönes Leben machen. In jedem Fall schöner, als wenn ich Grundsicherung beantragen muss.«
Neles Augen glitzern noch immer verdächtig.
Nele ist echt die Pragmatischste von uns dreien. Schließlich ist sie schon immer alleinerziehend. Der Vater von ihrem Sohn Nils verschwand noch während der Schwangerschaft mit den Worten »Ich habe es mir doch anders überlegt«. Ihr blieb daher nichts anderes übrig, als pragmatisch zu sein.

Seit diesem Abend bereiten wir drei einen Banküberfall vor. Zeit genug bis 67 haben wir ja. In fünfzehn Jahren wird uns schon die Ausarbeitung eines perfekten Plans gelingen – vorausgesetzt, wir trinken dabei nicht allzu viel Weißwein.

Übrigens habe ich mich seit jenem Abend, als wir die Idee mit dem Banküberfall hatten, intensiv mit dem Thema private Altersvorsorge beschäftigt. Nach diversen Recherchen bin ich aber wieder zum Banküberfall zurückgekehrt. Das erscheint mir mittlerweile als die ertragreichste Variante. Zumindest, falls wir uns jemals über das Design unserer Masken einig werden können. Und auch beim Thema Tunnel graben scheiden sich noch die Geister. Lisa will sich einfach nicht über Monate hinweg die Fingernägel ruinieren, und Nele ist gleich für die Sprengung einer ganzen Häuserwand, was mir wiederum zu gefährlich erscheint.

Ab und zu beschleicht mich bei unseren Banküberfall-Planungsabenden leider das blöde Gefühl, dass wir drei Mädels echte Dilettanten in dem Bereich sind. Wahre Profis *gründen* einfach eine Bank. Das haben die letzten Jahre mit der Bankenkrise doch wohl gezeigt. Selbst wenn man mit einer Bank mehr als pleite ist, macht das nichts, man bekommt sofort ein paar Milliarden überwiesen – ist das nicht schön? Das ist ja schon fast so, als würde die Bank die Bürger überfallen. Und niemand muss dafür ewig an einem Tunnel rumbuddeln und sich die Fingernägel ruinieren.

Ich werde das jetzt in jedem Fall mal als Alternative beim nächsten Mädelsabend besprechen.

Hinter den Kulissen –
Kleines Dramolett

Personen:
Diva, fünfzig Jahre
Regisseur, sechzig Jahre

Ort:
Hinter der Bühne

Szene:

Die Theaterglocke läutet. Hinter dem Vorhang stehen die Diva und der Regisseur.

REGISSEUR (zur Diva)
Was ist? Du musst zum Prolog!

DIVA
Ich trete nicht auf!

REGISSEUR (entsetzt)
Wie bitte? Das Haus ist voll!

DIVA
Ich trete nicht auf!

REGISSEUR
Das ist Vertragsbruch!

DIVA
Mir ganz egal. Ich trete nicht auf!

REGISSEUR
Aber du kannst doch nicht …

DIVA
Und ob ich das kann!

Die Diva dreht sich um und geht Richtung Ausgang. Der Regisseur springt ihr nach und hält sie am Ärmel fest.

REGISSEUR
Halt! Hiergeblieben!

DIVA
Willst du jetzt Gewalt anwenden?

REGISSEUR
Was ist verdammt noch mal in dich gefahren?!

DIVA
In mich? Gar nichts! Frag mal den Beleuchter!

REGISSEUR
Was ist mit dem Beleuchter?

DIVA
Den neuen Beleuchter!

REGISSEUR
Was soll mit ihm sein?

DIVA
Frag ihn!

REGISSEUR
Das geht nicht ... Du musst JETZT auf die Bühne. Ich verspreche dir, ich rede gleich nach der Aufführung mit ihm!

DIVA
Nein! Jetzt!

REGISSEUR
Aber bis ich zu ihm komme, das dauert Minuten ... Das Publikum wartet!

DIVA
Dann trete ich nicht auf!

REGISSEUR
Ich könnte dich ... Wenn ich dich nicht anders kennen würde ... Ich könnte dich erwürgen! Weißt du, wer im Publikum sitzt?

DIVA
Ja. Tom.

REGISSEUR
Der größte Produzent der deutschen Filmwelt!

DIVA
Eben!

REGISSEUR
Eben!

DIVA
Deshalb kann ich nicht auftreten.

REGISSEUR
Aber du möchtest doch eine Filmrolle?

DIVA
Eben! Und der neue Beleuchter ...

REGISSEUR
What the fuck hat der damit zu tun?

DIVA
Der hat neu ausgeleuchtet.

REGISSEUR
Ja und?

DIVA (fast kreischend)
Ja und? Das traust du dich ...

REGISSEUR
Geh auf die Bühne, während wir hier reden ...

DIVA
Geh zum Beleuchter! Der muss neu ausleuchten!

REGISSEUR
Warum um Himmels willen?

DIVA
Warum? Wie lange bist du schon Regisseur? Mit wie vielen Schauspielerinnen hast du schon gearbeitet?

REGISSEUR
Was tut das hier zur Sache?

DIVA
Alles! Mein Körper ist mein Kapital! Mein Aussehen gibt mir Rollen!

REGISSEUR
Du siehst blendend aus, wie immer!

DIVA
Eben nicht!

REGISSEUR
Und warum nicht?

DIVA
Frag den Beleuchter!

REGISSEUR (verzweifelt)
Was hast du mit dem Beleuchter?

DIVA (kreischend)
Ich hab nichts mit dem Beleuchter! Ganz und gar nichts hab ich mit dem! Im Gegenteil! Ich bin doch nicht wie du mit deiner jungen Kostüm-Tussi!

REGISSEUR
Allmächtiger, hilf! Was ist mit dem Beleuchter?

DIVA
Er beleuchtet zu krass.

REGISSEUR
Wie? Ich merke keinen Unterschied ...

DIVA
Aber ich! Aber ich! (dreht sich im Licht, schiebt Haare zur Seite) Siehst du was? Siehst du was?

REGISSEUR
Ein schönes Gesicht!

DIVA
Falten! Siehst du sie! Falten, Falten, Falten!

REGISSEUR
Aber das gehört doch zu deiner Rolle ...

DIVA
Die sind echt! Das ist keine Maske!

REGISSEUR
Als ob ich das nicht wüsste! Du spielst ja auch nicht die Lena ...

DIVA
Der Beleuchter verstärkt sie! Der neue Beleuchter will mich damit fertigmachen! Der hat doch keine Ahnung,

was es heißt, wenn der Tom mich so sieht! Nie und nimmer im Leben komme ich so zu einer Filmrolle. (bricht in sich zusammen)
Das ist das Ende! Das Ende eines ganzen Schauspielerinnenlebens!

REGISSEUR
Der Anfang, der Anfang, meine Liebe! Tom wird dich phantastisch finden! Du siehst doch aus wie dreißig! Ich sehe keine Falten!

DIVA (hoffend)
Wirklich? Das sagst du doch bloß so ...

REGISSEUR
Nein! Gestern erst hat meine Frau gesagt, wenn sie nur halbwegs so jung wie du aussehen würde ...

DIVA (strahlend)
Echt? Danke! (fällt dem Regisseur um den Hals)
Dafür liebe ich dich!

REGISSEUR
Dafür gehst du jetzt auf die Bühne. Und zwar sofort!

DIVA (strahlend)
Ja, Schätzchen! Mach ich ...

Die Diva eilt zur Bühne. Der Regisseur lässt sich erschöpft zu Boden fallen. Erst jetzt bemerken beide, dass der Vorhang offen war und sie sich vor versammeltem Publikum gezankt haben.

Tosender Applaus.
Die Theaterkritik berichtet am nächsten Tag, dass die Diva noch nie so sehr in einer Rolle geglänzt hätte. Man hätte glauben mögen, die Szene sei echt und nicht als modernes Vorspiel zum antiken Stück inszeniert gewesen.

Ich bin heiß – in Wellen

Frau muss manche Dinge einfach konsequent positiv sehen.
Stellen Sie sich vor, es ist Winter, die Heizung fällt aus und alle frieren. Nur eine nicht, ich!
Stellen Sie sich vor, Außerirdische würden die Erde besetzen und nähmen alle Frauen gefangen, die monatlich bluten. Wen würden sie nicht inhaftieren? Mich!
Stellen Sie sich vor, es wären keine saugenden Baumwollstoffe erfunden worden, wer würde dann nachts in einem Schwimmbad als Bett aufwachen? Ich!

Na also. Alles nur eine Frage der Perspektive! Na ja. Vielleicht. Wenn ich ganz ehrlich bin: Eigentlich ist es ziemlich besch…, zwar endlich keine Menstruationsschmerzen mehr zu haben, dafür aber Schweißdrüsen mit der gefühlten Größe einer industriellen Bewässerungsanlage für Großgärtnereien. Dabei sind Bewässerungsanlagen bewusst zu steuern, und jemand kann entscheiden, wann das Nass versprüht wird und wann nicht. Mein Körper hingegen schert sich herzlich wenig um passende oder unpassende Umstände und schickt seine Wasserfälle, wann immer es ihm gerade passt – beim Sex, beim Chef-Gespräch für einen höheren Posten oder gar beim Flirt mit dem neuen Nachbarn.

Der neue Nachbar guckte mich schon bei der ersten Begegnung sehr interessiert an. Beim Plaudern bleibt ihm

sogar einmal der Mund offen stehen. Wow! Dass ich in meinem Alter noch so einen Eindruck hinterlassen kann! Stolz wie Bolle nehme ich die Einladung zum Abendessen an. Um keine Missverständnisse aufkommen zu lassen: Natürlich würde ich meinen Mann nie betrügen, und der neue Nachbar ist vermutlich ein Profi-Casanova. Aber das Gefühl, endlich wieder wie eine Zwanzigjährige ein Rendezvous zu haben, darf ich mir nicht entgehen lassen!
Friseur, Kosmetikerin, Nagelstudio, ein neuer Rock und neue Schuhe – kommt ja schließlich auch meinem Mann zugute, wenn ich mich wieder etwas mehr pflege! Er bemerkt sogar, wie gut ich aussehe, als ich mich zum Date verabschiede. Ich säusle etwas von »Ist ja mehr geschäftlich, der Nachbar ist ja in der gleichen Branche, du verstehst schon, Kontakte sind immer gut«. Aber die Worte passen nicht so ganz zu meinem neuen Aussehen, sagen mir die Blicke meines Mannes, der aber vor den Kindern wohl nichts sagen will.
»Hey, voll cool, Mom!«, sagt stattdessen mein Sohn. »Hast du einen Lover?«
Empört schüttle ich den Kopf. Kinder! Halleluja! Höchste Zeit, dass einmal jemand etwas erfindet, damit sie nicht immer genau das mitkriegen, was sie nicht mitkriegen sollen.
Ich radle ins Restaurant, genieße den Fahrtwind des milden Sommerabends und denke noch: »Ach, wie gut, dass man Wechseljahre nicht sehen kann.« Kein Mann kann wissen, ob man als Frau nicht doch noch potenziell nachwuchsfähig ist. Und meine Drüsen haben mich seit der ersten Begegnung mit dem Nachbarn ohnehin nicht mehr überfallen. Sollte ein Flirt vielleicht sogar die Hor-

mone beeinflussen und einen weiteren Wechsel hinauszögern? Das wäre ja was! Dann wäre ich es meinem Mann ja regelrecht schuldig, zu flirten, um auch für ihn noch länger attraktiv zu sein!

Ein nobler Inder. Bester Wein. Interessante Gespräche. Augen, die mich unverhohlen anstrahlen. Ich lächle selbstbewusst zurück. Ich bin ja schließlich keine Göre mehr, die verschämt zu viel oder zu wenig sagt. In meinem Alter verstehe ich mich auf die Kunst, genug Geheimnis zu bewahren und zugleich so offen zu sein, dass frau erst richtig interessant wirkt. Mein Gegenüber ist beeindruckt von meinen Ausführungen zur Politik, meinen Ansichten zu Verwandten und der Schärfe, mit der ich das indische Essen einnehmen kann, ohne mit der Wimper zu zucken. Ich bin beeindruckt von seinem Charme, seinen Ausführungen zur Politik und seinen Weinkenntnissen. Eine zufällige Berührung mit dem Arm. Wie angenehm. »Um Gottes willen«, denke ich plötzlich. »Was machst du da?!« Ich liebe doch meinen Mann und meine Kinder. Was gefährde ich da gerade? Nichts! Ich gefährde nichts. Denn während ich mich zu einem weiteren Drink einladen lasse, kommt die Welle. Urplötzlich. Eine Riesenwelle. Ein Tsunami im Vergleich zu den bisherigen Schweißausbrüchen. Es überflutet mich. Innerhalb von zwei Minuten bin ich klatschnass. T-Shirt, Rock, Socken – alles ist klatschnass, und der Schweiß tropft von der Stirn in den Drink. Ich verabschiede mich schnell zur Toilette und hoffe, der Anfall geht schnell vorbei. Tut er nicht. Ich stehe vor dem Toilettenspiegel, erneuere die zerlaufene Schminke und erneuere schon wieder, nach der nächsten Welle. Und dann

kann ich nicht länger wegbleiben, das wäre sonst noch peinlicher. Ich muss zurück. Als lebende Wasserbombe. Er nützt nichts. Verdammt! So straft mich also der liebe Gott für mein Flirten.
Der Nachbar lächelt mich bewundernd an, als ich zurückkomme. »Oh!«, ruft er, »ich machte mir schon etwas Sorgen! Eine Kollegin fiel einmal in Ohnmacht wegen der Schärfe. Aber Sie stecken das ja unheimlich gut weg!«
Nimmt der vielleicht Drogen? Seine nächste Bemerkung auf meinen fragenden Blick klärt mich auf: »Wussten Sie denn nicht, dass diese Schärfe im Essen zu solchen Schweißausbrüchen führt?«
Ich lächle zurück. Nein, wusste ich noch gar nicht. Aber was er alles weiß! Damit hätte ich nicht gerechnet, deshalb würde ich jetzt auch lieber gehen ...

Ich lehne die Einladung in die Nachbar-Dusche ab, kuschle mich zu meinem Mann ins Bett und entgegne auf seine Frage, wie der Abend war: »Oh, langweilig, Schatz.«

Blutendes Herz

Im zarten Alter von 41 Jahren fällt meiner besten Freundin Anna ein, dass sie doch noch ein Kind haben möchte. Sie vögele mit ihrem neuen Freund »was das Zeug hält«, so Anna wörtlich. Bald kenne ich ihren Menstruationszyklus besser als meinen eigenen – pünktlich alle dreieinhalb Wochen ist Anna am Telefon und heult, weil sie ihre Tage bekommen hat. Sie blute nicht nur äußerlich, auch ihr Herz blute. Ich mache das, was man als beste Freundin tut: trösten, aufmuntern, auf die positiven Aspekte hinweisen und, wenn es die Zeit zulässt, mit ihr ausgehen und sie in den Arm nehmen. Wir Frauen sind schließlich keine Trampel so wie mein Mann Alex, der einmal fragt, warum die Anna schon wieder heulend am Telefon sei, hätte sie schon wieder einen miesen Typen? Könne sie nicht *einmal* einen halbwegs anständigen Kerl anschleppen? Nein, erkläre ich, im Gegenteil, und schildere Alex die Lage.
»Das hätte sie sich halt früher überlegen sollen, wenn sie ein Kind will!«, so der sensible Kommentar meines Gatten. Ich werde zornig. Er könne sich doch gar nicht vorstellen, was es heißt, wenn die biologische Uhr ticke. Garantiert mache sich Anna selbst Vorwürfe, es nicht schon früher versucht zu haben. Allerdings waren ihre Typen vorher – da hat Alex ausnahmsweise recht – wirklich so miese Kerle, dass es besser war, sich nicht schwängern zu lassen, denn Anna wollte auch nie alleine, sondern nur mit Partner ein Kind.

Anna ruft außerhalb ihres Zyklus an – sie hätten eben eine grandiose Idee gehabt. Wir lebten ja nicht mehr in der Steinzeit, der Natur könne man ja auf die Sprünge helfen. »Wie?«, frage ich und überlege, ob Anna jetzt bei Beate Uhse war, um die Lust im Bett zu steigern. Nein, sagt Anna, in vitro, ob ich das kenne? Natürlich habe ich schon davon gehört, aber die Details kenne ich nicht. Ich erfahre sie aber bald in einem zweistündigen Telefonat. Kurzfassung: Vorher Hormone spritzen, damit mehr Eier als sonst reifen, dann in der Klinik Eierentnahme und künstliche Befruchtung derselben, ein paar Tage später wird ein Ei (oder auch mehrere) eingepflanzt, die anderen befruchteten Eier werden eingefroren, falls weitere Versuche nötig sind.
»Wir haben super Erfolgsaussichten, sagen die Voruntersuchungen, und das ist eine der besten Kliniken«, erklärt Anna.
»Na denn«, freue ich mich mit Anna, »klingt ja alles super!«
Die Sache hat nur einen Haken, erfahre ich noch: Es kostet 10.000 Euro. Ich rate ihr, das Geld von der Krankenkasse einzufordern, Anna freut sich über den Tipp.

Drei Monate lang meldet sich Anna fröhlich am Telefon, völlig unabhängig von ihrem Zyklus. Jetzt können ihre Tage kommen und gehen, wie sie wollen – das ist alles nur ein Hormonvorspiel für die spätere Behandlung. Sie ist zuversichtlich, das Spritzen tue zwar weh, aber was sind schon so ein paar Spritzen, wenn man dafür ein Kind bekommt? Natürlich, pflichte ich ihr bei. Hat die Krankenkasse schon genehmigt? Nein, Anna hat angerufen, aber die haben noch nicht einmal einen Antrag geschickt.

Anna ist mit ihrem Partner in der Klinik, ihr wird ein befruchtetes Ei eingesetzt, und sie ist guter Dinge. Eine Woche später ruft Anna am Boden zerstört an – das Baby ging ab! Wie schrecklich, ich fahre zu ihr, nehme sie in die Arme. Auch ihr Partner weint. Aber es gibt ja noch andere Eier, noch mal versuchen, Kopf hoch!

Der zweite Versuch scheint zu klappen – Anna bleibt schwanger. Doch dann höre ich plötzlich nichts mehr von ihr. »Du warst als Schwangere auch immer höchst seltsam«, beruhigt mich mein Mann. Stimmt! Und ich hatte doch glatt vergessen, wie müde ich immer war und sofort nach der Arbeit ins Bett fiel.
Doch irgendwann dauert es zu lange, dass Anna sich nicht meldet. Und ich kann sie telefonisch nicht erreichen. Da stimmt etwas nicht. Ich fahre zu ihr und finde sie in einem dunklen Raum sitzend vor. Sie hat auch das zweite Baby verloren. Ich nehme sie in die Arme, Anna weint und weint und weint. Es ist auch schrecklich, sage ich. Anna sagt, sie will keine weitere Behandlung mehr, das halte sie nicht noch einmal aus. Verstehe ich. Das ist ihre Entscheidung.
»10.000 Euro für nichts wär nicht so schlimm, aber das Herz blutet«, schluchzt Anna noch einmal auf.
»Und die Krankenkasse?«, frage ich sanft nach. In ihrem Zustand hat Anna bestimmt vergessen, die Kosten einzureichen. Anna meint, der Antrag sei noch nicht einmal da.

Drei Wochen später ist eine erboste und wütende Anna mit Schnappatmung am Telefon.
»Stell dir vor!«, ruft sie. »Die haben mir statt des Antrags

auf Erstattung der In-vitro-Behandlung einen Antrag auf Frührente geschickt! Stell dir vor, ich hab nachgefragt, und da haben sie gesagt, sie hätten das verwechselt, weil sie nur auf das Geburtsdatum geschaut haben. Stell dir das mal vor! Na, die können was erleben!«
Anna ist auf 180, redet nicht mehr weiter und legt auf. Ich stelle mir vor, wie sie zur Krankenkasse fährt und den Mitarbeiter so zur Sau macht, dass er noch nächtelang Alpträume davon bekommt. Gut so, soll Anna nur wütend sein, Hauptsache, sie ist nicht mehr so deprimiert!

Neun Monate später bringt Anna ein gesundes Kind auf die Welt und gibt ihm den altmodischen Namen »Günter«. Ich frage vorsichtig nach, wie sie darauf kommt.
»So hieß der Idiot von der Krankenkasse, der mir den Rentenantrag schickte. Ein Vollidiot. Aber weißt du was, seine Unverschämtheit hat meine Lebensgeister damals wieder geweckt. Ich wollte ihn umbringen und habe vor lauter Rachephantasien gar nicht mehr auf meine fruchtbaren Tage geachtet. Und plötzlich war ich schwanger. Ganz natürlich. Na, den Vornamen bin ich ihm jetzt schuldig, oder?«

Spieglein, Spieglein
an der Wand

»Spieglein, Spieglein an der Wand, wer ist die Schönste im ganzen Land?«
Mein Spiegel schweigt.
»Spieglein, Spieglein an der Wand, wer ist die Schönste im ganzen Land?«
Mein Spiegel schweigt wieder.
»Spieglein, Spieglein an der Wand, wer ist die Schönste im ganzen Land?«
Mein Spiegel schweigt erneut.
Ich frage meinen Spiegel nicht mehr. Warum auch. Ich weiß doch, dass er aus schierer Höflichkeit schweigt. Soll er mir sagen: »All die jungen Dinger da draußen sind tausendmal schöner als du!« Mein Spiegel ist einfach ein Weichei! Traut sich nicht, die Wahrheit zu sagen, und glotzt bloß blöd zu mir herüber. Er hat einfach null Standing. Immerzu imitiert er andere. Nichts, aber auch gar nichts kommt eigenständig von ihm.
»Kannst du nicht einmal deine blöde Fresse aufmachen?«, schreie ich ihn an.
Mein Spiegel schweigt.
»Hör mal, du Kotzbrocken, sag es doch endlich laut, was du dir die ganze Zeit ohnehin denkst!«
Mein Spiegel schweigt.
»Wenn du jetzt nicht endlich mal deinen Mund aufkriegst, dann kann ich für nichts mehr garantieren, du, du …!«

Mein Spiegel schweigt. Ich balle die Faust.
In diesem Moment kommt meine Tochter zur Badezimmertür herein. Ich halte inne.
»Ist alles in Ordnung, Mama?«, fragt sie besorgt.
»Fast«, gestehe ich ehrlich, erkläre aber nichts weiter. Als ob eine Minderjährige dieses Problem verstehen könnte.
Forschend sieht mich meine Tochter an.
»Falls du mit diesem doofen Spiegel Probleme hast, Mama, kann ich dich beruhigen. Ich hab die auch. Der zeigt jeden Pickel doppelt so groß.«
»Wirklich?«, frage ich erstaunt.
»Papa und Lukas haben auch schon über ihn geschimpft. Und die haben gemeint, der Spiegel habe einen Materialfehler. Papa sagt jedenfalls, in diesem Spiegel sehe er jede Falte doppelt so tief.«
»Wirklich?«, frage ich noch erstaunter.
»Ja, wirklich«, antwortet Eva. »Und außerdem spiegelt er auch noch ganz gemein die Seele zurück. Also bei mir ... Oder nein, lass mich mal raten, was es bei dir ist! Er sagt dir, dass du dich nicht traust, zu deinem Alter zu stehen, also indirekt, indem er nichts sagt und schweigt.«
Ich starre meine Tochter mit offenem Mund an und schweige.
Eva lacht plötzlich. »Jetzt komm schon, Mama! Nimm es gelassen!«
»Von wegen!«, rufe ich, hole einen Hammer und will den Spiegel einschlagen. Ab einem gewissen Alter lässt sich frau doch solche schweigenden Unverschämtheiten einfach nicht mehr gefallen! Just in dem Moment, als ich aushole, ruft der Spiegel laut: »Ich hatte mich jünger in Erinnerung!«

Die zehn besten Sexstellungen für Frauen ab fünfzig

Die Missionarsstellung – nur bei ausgeschaltetem Licht
Die Schenkelklammer – nur nach Sonnenuntergang im Dunkeln
Das fliegende Entenpaar – nur wenn die Kerzen ausgeblasen wurden
Die achte Position – nur wenn beide vorübergehend erblindet sind
Der Dreifuß – nur bei Nacht
Der Elefant – nur wenn mann nichts mehr sehen kann
Der Lotossitz – nur in der Finsternis
Die erhobene Stellung – nur mit geschlossenen Augen
Die Liebesschaukel – nur wenn man seine Hand vor den Augen nicht mehr sehen kann
Die offene Blüte – nur bei Stromausfall

Oder man lässt das Licht an, macht, worauf beide gerade Lust haben, und denkt sich einfach: Fuck the Schwerkraft!

Meine erste Lesebrille

Können Sie sich noch daran erinnern, wie Sie verschämt in der Apotheke das erste Pillenrezept eingelöst haben oder im Drogeriemarkt das erste Kondom kauften? Möglichst beiläufig, unter anderen Sachen, schmuggelte ich damals die Kondompackung zwischen Glasreiniger, Küchenrollen und Watte. Ich brauchte damals weder einen Glasreiniger noch Küchenrollen, noch Watte, denn ich wohnte noch bei meinen Eltern, und meine Mutter hätte sich gewundert, wenn ich plötzlich mit dem Zeug nach Hause gekommen wäre. Was ich damals mit dem Beikauf gemacht habe, weiß ich nicht mehr, ich vermute mal, ich habe ihn einfach in die nächste Mülltonne gesteckt, obwohl ich als Jugendliche natürlich kaum Geld hatte und es damit sozusagen zum Fenster hinausgeworfen hatte. Aber die Beiläufigkeit, die Tarnung, war mir wichtig.

35 Jahre später stehe ich wieder in einem Drogeriemarkt. Ich brauche wirklich einen Glasreiniger, Klopapier, Shampoo und Nagellackentferner. Weshalb ich aber eigentlich in dem Laden bin: Draußen steht ein Plakat »Sonderangebot Lesebrillen«. Für nur zwei Euro gibt es verschiedene Stärken zu kaufen. Für nur zwei Euro kann man die Lesebrille sogar so klein zusammenklappen und ins Mäppchen stecken, dass sie in der Handtasche gar nicht auffällt. Für nur zwei Euro könnte ich es mir künftig sparen, irgendwelche Passanten nach dem Weg in ei-

ner fremden Stadt zu fragen – denn neulich suchte ich eine Straße und konnte in der Dämmerung die Straßennamen auf dem Stadtplan nicht mehr erkennen. Für nur zwei Euro könnte ich mir künftig vielleicht viel Geld sparen – denn die kleingedruckten Preise auf den Schokoladenpackungen kann ich kaum mehr lesen und strafe sie seither mit Verachtung. Für nur zwei Euro ließe ich mir vielleicht nicht mehr eine Spende aufschwatzen, deren Kleingedrucktes ich nicht lesen kann. Für nur zwei Euro könnte ich im Restaurant bald wieder die Speise bestellen, die mir zusagt, und würde nicht mehr den Kellner fragen, was er empfehle, nur um nicht zugeben zu müssen, dass die Karte entschieden zu klein geschrieben ist. Für nur zwei Euro könnte ich diesen neuen Analphabetismus hinter mir lassen.
Doch was sind schon zwei Euro gegen meine innerste, tiefste, abgründigste Verachtung für so ein Gestell auf der Nase? Wie schaut das denn aus, so eine Lesebrille, in meinem wunderbaren Gesicht? Wie eine alte Frau sehe ich dann aus. Das ist die nackte Wahrheit. Ich bin aber keine alte Frau. Und ich brauche doch auch nur ganz selten und ausnahmsweise mal eine Lesebrille. Ich komme doch ganz gut zurecht. Aber für zwei Euro könnte ich doch das Ding mal kaufen und für den Notfall in der Handtasche haben, überlege ich im Drogeriemarkt und greife zu der kleinsten Dioptrie 0,5. Das könnte man ja auch als natürliche Weitsichtigkeit durchgehen lassen, ich könnte zu Leuten sagen, die mich nicht kennen: »Das habe ich schon von Geburt an!« Oder meinem Mann könnte ich vormachen: »Das hängt mit der Bindehautentzündung vor zehn Jahren zusammen, kannst du dich erinnern?« Da mein Mann sich todsicher an nichts mehr

erinnern kann, was so lange zurückliegt (außer vielleicht an die Fußballergebnisse von vor zehn Jahren), würde er brummend nicken und sich vielleicht ein wenig schämen, schon wieder etwas von mir vergessen zu haben.
Glasreiniger, Klopapier und Shampoo liegen bereits im Korb. Ich hadere immer noch mit mir. Wenn ich schon – nur ganz selten – so eine blöde Sehhilfe brauche, sollte ich mir dann nicht wenigstens beim Optiker ein richtig stylishes Teil besorgen? Sollte ich nicht gleich einen Haufen Geld ausgeben, um wenigstens noch das einigermaßen Beste aus meinem alternden Schicksal zu machen? Aber nein, das käme der endgültigen Kapitulation meines Körpers und Geistes vor dem Alter gleich. Denn eins ist sonnenklar: Sehbrille = uralt. Das ist eine logische mathematische Gleichung. An der gibt es nichts zu deuten und zu rütteln.

»Kann ich Ihnen helfen?«, fragt mich plötzlich ein freundlicher junger Verkäufer im Drogeriemarkt. »Ich sehe Sie hier schon länger unentschlossen stehen!«, fügt er hinzu.
Wie kommt dieser Kerl dazu, mich zu beobachten? Was zum Teufel gehen den meine innersten Zweifel und Gedanken an? Hat der Jungspund überhaupt eine Ahnung davon, was es heißt, sich für oder gegen eine Lesebrille zu entscheiden?
»Ach, vielen Dank!«, bemerke ich freundlich zurück. »Ich suche ein Geschenk, aber ich weiß nicht, ob das das Richtige ist!«
»Da hinten haben wir noch Parfum-Angebote!«, entgegnet der Verkäufer. Seit wann gibt es eigentlich aufmerksame und freundliche Drogeriemarktangestellte?

»Für wen soll es denn sein? Für eine ältere Dame?«
»Wie kommen Sie denn darauf?«, frage ich entgeistert. Meint der, ich gehe zu einem Kaffeekränzchen?
»Na, weil Sie bei den Lesebrillen zuerst geschaut haben!«
»Ach so, ja, tatsächlich für eine ältere Freundin«, behaupte ich.
»Da haben wir was, das ist der Renner unter den Senioren!«, sagt der freundliche junge Mann und deutet auf eine Geschenkpackung mit Parfum, Deo und Seife. »Die Alten lieben das!«
Es ist genau die Marke, die ich immer verwende.
Senioren? Alte? Ich laufe vor Scham und Wut rot an.

Die Lesebrille werde ich mir eines Tages – wenn ich sie wirklich einmal brauche – beim Optiker besorgen!

Altx

Gesellschaftliche Veränderungen spiegeln sich immer auch in der Sprache. Keiner würde heute mehr fragen: »Frau oder Fräulein?« Wir definieren uns nicht mehr darüber, ob wir noch zu haben sind oder nicht. Mit einem großen emanzipatorischen Schritt haben wir uns davon befreit, über den Beziehungsstatus bewertet zu werden. So wie ein Mann schon immer ein Mann war, egal ob er eine Frau an seiner Seite hatte, werden wir heute als Frauen angesprochen, egal ob wir einen Partner haben oder nicht.

Gender-Mainstreaming heißt eine Strömung, die unter anderem mittels Druck auf Sprachveränderungen die Gleichberechtigung zwischen den Geschlechtern weiter vorantreiben will. Mann und Frau sowie deren Geschlechterrollen werden dabei weitgehend als soziales Konstrukt und nicht als naturgegebene Unterschiedlichkeit betrachtet. Manche gehen sogar noch weiter und wollen die »zweigendernde« Einteilung in Mann und Frau abschaffen. Einen Vorstoß in diese Richtung machte neulich eine Professorin aus Berlin, Lann Hornscheidt, die nur noch geschlechtsneutral angesprochen werden möchte. Auf ihrer Website weist sie darauf hin, nicht »Liebe Frau Hornscheidt« oder »Lieber Herr Hornscheidt« zu schreiben, sondern geschlechtsneutral »Hallo Lann Hornscheidt«. Zur Unkenntlichmachung von Männlichkeit und Weiblichkeit fordert sie außerdem, viele Begriffe umzubenennen. Statt Professorin oder Professor sollen alle »Sehr geehrtx Professx« sagen. Professx Hornscheidt erntete damit einen Shitstorm der Extraklasse, sogar von ausgewiesenen Feministinnen.

Nicht nur die unaussprechlichen Wörter wie Professx brachten die Leute auf die Palme, sondern auch die Zweifel daran, mit einem angehängten »x« gesellschaftspolitische Veränderungen einleiten zu können. Vielmehr diene das Vorhaben einer gutgemeinten Arbeitsbeschaffungsmaßnahme. Denn schließlich wird Genderforschx dafür bezahlt, Haare in der Suppe der Sprache zu finden, und steht dadurch unter Druck, (skurrile) Vorschläge zu unterbreiten. Es verhält sich wie mit EU-Bürokraten, die in einem Büro auch unbedingt etwas zum Regulieren finden müssen, denn täten sie es nicht, wäre ihr Job ja überflüssig. So wird der berühmte Krümmungsgrad einer Gurke normiert oder eben ein »x« an den Wörtern gefordert. Mein gesunder Menschenverstand sagt mir aber, dass weder eine gerade Gurke besser schmeckt, noch mein Leben mit einem angehängten »x« auch nur einen Tick besser wird.

»Gut gemeint ist oft das Gegenteil von gut«, möchte man angesichts des Bärendienstes rufen, den uns das Gender-Mainstreaming einbrockt. Mit solchen Aktionen gerät das aus dem Fokus, worunter die meisten Frauen viel mehr leiden als unter einer falschen Wortwahl: unter den Problemen, die das Altern mit sich bringt. Ich rede nicht von Falten und grauen Haaren, sondern von der Masse unserer geburtenstarken Jahrgänge. Bald werden wir mit unseren Rollatoren das Straßenbild überschwemmen.

Und an der Supermarktkasse wird vielleicht keine freundliche junge Frau mehr Zeit dafür haben, Kleingeld aus unseren Geldbörsen zu fischen, weil hinter uns noch fünf weitere Alte warten. Ich fürchte, ein »Altx« wird uns da wenig nützen. Aber vielleicht sollten wir, die wir gerade noch jung genug sind, jetzt schon etwas in die Wege leiten, um einer naheliegenden Folge unseres Massenalterns vorzubeugen: Respektlosigkeit. Sie droht uns allen, weil wir, so geballt vorhanden, die Jüngeren nerven. Einmal war ich versehentlich in einem Schwimmbad in einem Altersheim – nach fünf Minuten nervten mich die alten Leiber und die neidischen Blicke auf meinen jüngeren Körper.
Doch wie will man dem vorbeugen? Ich habe eine Idee, ganz ohne »x«. Wir sollten es wie die Schwulen machen, die den negativen Begriff für sie einfach positiv umwerteten und sich eines Tages selbst stolz als »schwul« bezeichneten, obwohl sie eben noch als solche beschimpft wurden. Wenn wir alle anfangen, respektvoll von uns als »Damen« zu sprechen, könnten wir vielleicht ein klein wenig mehr erhobenen Hauptes auf unseren letzten Lebensabschnitt zugehen. Die respektvolle alte »Dame« könnte uns ganz würdevoll neu bezeichnen.

Es grünt so grün

Beim Erwachsenwerden gibt es ein paar wichtige Marker, die meist mit dem achtzehnten Geburtstag verbunden sind: unbegrenzt lange ausgehen, Führerschein, Entschuldigungen für Fehlstunden selbst schreiben können und politische Wahlen. Noch heute weiß ich, welche Partei ich damals auf dem Stimmzettel ankreuzte. Ich war so was von stolz, nun auch endlich politisch »vollwertig« zu sein! Und außerdem galt es, den ganzen Alten und Konservativen auch eine Stimme entgegenzusetzen. Alt und konservativ waren Trachtenträger und die CDU/CSU.
Für mich kam nur eine einzige Partei in Frage, die aufregendste, weil sie sich gerade erst so richtig formierte und Themen aufnahm, die den anderen keinen Pfifferling wert waren: Atomkraftgefahr, Waldsterben, Bioessen, Umweltverschmutzung und ein Leben im Einklang mit der Natur. Unsere Generation muss nicht im Internet nachschlagen, welcher Partei ich meine erste Stimme gab: den Grünen. Unsere Generation weiß auch noch, dass damals eine CDU/CSU *gegen* Atomkraft oder *für* Bioessen undenkbar gewesen wäre. Die Ideen der Grünen wurden von den etablierten Parteien süffisant belächelt und nicht als ernsthafte Konkurrenz betrachtet.
Seit meinem ersten Urnengang sind über dreißig Jahre verstrichen. Dazwischen liegen Partnerwahl, Studium und die Entbindung zweier Kinder. Internet, Handy, Anschnallpflicht im Auto, Rauchverbote und Ikea-Mö-

bel traten in diesen dreißig Jahren ihren Siegeszug an. Und die Grünen setzten sich viel mehr durch als nur bei den Wahlen – kaum ein Parteiprogramm ist heute mehr ohne grüne Themen denkbar: Umweltschutz, Atomausstieg und Volksgesundheit wurden für alle zu wichtigen Belangen. Die ursprünglich grünen Werte wurden zum Allgemeingut der Überzeugungen.

Doch komischerweise fühle ich mich auf dem Siegerpodest gar nicht wohl. Bin ich jetzt Mainstream mit den ganzen Journalisten, deren Prozentsatz an Grünen-Wählern weit über dem Bundesdurchschnitt der Bevölkerung liegt? Wie soll ich denn noch auf die öffentlich-rechtlichen Sender schimpfen, wenn sie meine Position vertreten? Oder – ein ungeheurer Verdacht keimt auf – sind die ursprünglichen Grünen nun die neuen Konservativen, weil sie die Deutungshoheit im öffentlichen Diskurs mit Machtpositionen besetzen? Geht es den Grünen nicht wie unserem weiblichen Körper? Wir werden alt, ohne es zunächst zu bemerken oder gar wahrhaben zu wollen, bis es nicht mehr zu übersehen ist?

Ha, noch bin ich jung genug, um das zu erkennen, und werde künftig nicht mehr grün wählen!

Ganz ohne Photoshop

Irgendwann beim Abendessen kommt das Thema in der Familie auf Moden, die kommen und gehen. Mein Mann und ich erzählen den Kindern von Karottenhosen, Nickelbrillen, Overalls, Dauerwellen und den kurzen Sporthosen, für die man als Mann heute wegen sexueller Belästigung belangt würde. Eva und Lukas können sich das nicht so recht vorstellen, auch wenn sie schon alte Aufnahmen gesehen haben – aber die Eltern sollen auch einmal so unmöglich herumgelaufen sein?

Ich krame in der Fotoschachtel. Die Bilder von der Vor-Kinder-Zeit liegen dort immer noch unsortiert. Erst nach der Geburt von Lukas begann ich, Fotoalben anzulegen. Vorher wäre mir das eindeutig zu spießig vorgekommen. Warum Fotoalben dann mit den Kindern nicht mehr spießig waren, überlege ich kurz. Aber egal. Ich kehre mit ein paar Bildern von Alex und mir mit Nickelbrillen, kurzer Turnhose und Karottenhose zurück. Die Kinder kichern und schütteln belustigt den Kopf.
Lukas macht plötzlich eine anerkennende Geste: »Klasse gephotoshopt übrigens!«
Jetzt kichern Alex und ich.
»He, Lukas, damals gab es noch kein Photoshop! Keine Rechner, kein Internet!«, erkläre ich, und Alex führt aus, wie Filme eingelegt, belichtet und schließlich zusammengerollt ins Labor gebracht wurden. Nach den Negativen entschied man, welche Abzüge gemacht wur-

den. Ganz gespannt wartete man schließlich, bis die Bilder endlich auf Papier zu sehen waren, denn nicht immer waren Unschärfen schon auf den Negativen erkennbar.
»Wow!«, ruft Lukas und blickt zu mir. »Du warst ja mal richtig, richtig schön! Ganz ohne Photoshop!«
Ich starre ihn an.
Wie schön, dass mein Sohn meine Schönheit bewundert.
Wie entsetzlich, diese Vergangenheitsform.
Je nachdem, wie man den Satz betont, heißt das: »Du warst mal *richtig, richtig schön!*« Oder eben: »Du *warst mal* richtig, richtig schön!«
Jetzt kann ich mich entscheiden, das halbvolle oder halbleere Glas zu sehen.
»Mama ist immer noch schön!«, springt mir Eva zur Seite.
»Sagte ich doch nicht, dass sie das nicht mehr ist!«, erwidert Lukas.
Alex sagt nichts. Aber er sieht mich an wie damals, als wir frisch verliebt waren.
Unter den Kindern bricht ein Streit über Converse und Bauchfrei-in-die-Schule-Gehen aus.
Alex und ich sehen uns an, als säßen wir unter irgendwelchen Leuten in der Kneipe, wie damals, als er mir eine Rose schenkte und alles in dieser Kneipe begann. Die »irgendwelchen Leute«, unsere fast erwachsenen Kinder, werden zu einer Geräuschkulisse. In einem kitschigen Zeichentrickfilm würde man jetzt hin- und herwandernde Herzen zwischen uns sehen.
Alex legt klammheimlich unter dem Tisch seine Hand auf meinen Oberschenkel.
»Könnt ihr heute abräumen?«, fragt er die Kinder. »Wir

müssen noch etwas Wichtiges ... ähm ... wegen der Steuer besprechen.«
Lukas und Eva nicken, ehe sie weiterstreiten.

Alex und ich erledigen die wichtige Steuerbesprechung hinter verschlossener Schlafzimmertüre. So leidenschaftlich haben wir den Behörden noch nie zugearbeitet. Vielleicht erhöhen sie daraufhin ja den Kinderfreibetrag?

Eine Busfahrt, die ist lustig, eine Busfahrt, die ist schön ...

... aber ich fahre nie, nie, nie wieder in meinem Leben mit dem Bus! Dort passierte mir nämlich die allerallergrößte Unverschämtheit überhaupt. Kaum hatte ich den überfüllten Bus betreten, sprang doch so ein junger Kerl auf und bot mir seinen Platz an! Damit schrie er mir quasi ins Gesicht: »Du altes Mütterchen, dir zeige ich es!« Alle Kulturpessimisten haben recht, die Jugend hat keinen Anstand mehr und ist sittlich vollkommen verroht!

Meine Freundin,
die Pinzette

Achtung! Dieses Kapitel ist nur und ausschließlich für Frauen gedacht. Wahrscheinlich wird dieses Buch sowieso kein Mann lesen. Aber ich bin mal lieber vorsichtig. Vielleicht verirrt sich doch der eine oder andere in die Frauenbuchabteilung. Deshalb vernichtet sich dieser Text sofort selbst, sobald ein Mann versucht, ihn zu lesen.
Also, liebe Männer, bitte nicht wundern, wenn die folgenden Seiten vollkommen leer erscheinen.

Es gibt nämlich Themen, die sollten Frauen nun wirklich unter sich besprechen. Und damit meine ich ein viel intimeres Thema als Sex. Sex ist in unserer heutigen Gesellschaft ja nichts Intimes mehr, wo der nächste Porno nur einen Mausklick weit entfernt ist. Aber wenn man älter wird, stellt man fest, dass es durchaus Themen gibt, über die frau nicht so gerne spricht. Auch nicht mit der besten Freundin nach ein paar Runden sündhaft teurem Rotwein.

Ich spreche natürlich vom Thema Körperbehaarung – das ist, mit steigendem Alter, wirklich eine haarige Angelegenheit. Es ist ja nicht so, dass man sich als Frau nicht schon vorher intensiv mit Haaren in diversen Formen beschäftigt hätte.
Da gibt es zum einen das Haupthaar. Welche Frau, egal

wie alt, hat damit keine Probleme? Im englischsprachigen Raum gibt es sogar ein extra Wort dafür, wenn es mal wieder mit dem Haupthaar nicht so dolle läuft: »bad hair day«. Ist das nicht wunderbar? Der ganze Tag wird von schlechtem Haar bestimmt. Großartig, wenn man sonst keine Probleme hat.
Aber über die Haare auf dem Kopf will ich gar nicht reden – obwohl die mit den Jahren auch nicht gerade schöner werden. Viel interessanter sind mit steigendem Alter die Haare an anderen Körperstellen. Denn das Verblüffende ist, dass einem, auch als Frau, Haare an den unmöglichsten Körperstellen wachsen können. Man muss nur alt genug werden, um sein haariges Wunder zu erleben.

Die Entdeckung des ersten Barthaares ist wahrscheinlich für jede Frau ein kleiner Weltuntergang. Tataaaa! Sie sind ab sofort keine Frau mehr, sondern irgendwie ein Mann. Denn Barthaare gehören nun mal eindeutig in die Männerabteilung. Zumindest, bis frau fünfzig wird. Dann ist sich Mutter Natur anscheinend nicht mehr so sicher, was den Haarwuchs ihrer Kinder betrifft.
Was, um alles in der Welt, macht dieses Haar da unten an meinem Kinn? Ein einzelnes stoppeliges Haar, das immer wieder vorwitzig hervorsprießt! Eindeutig zu dick, eindeutig zu lang, eindeutig zu fest, um irgendwas anderes zu sein als ein ganz normales Barthaar. Und für ein Kopfhaar wächst es nun wirklich an der falschen Stelle.
Die Pinzette ist mittlerweile eine meiner besten Freundinnen geworden. Ohne die gehe ich nicht mehr aus dem Haus. So ein richtiger Barthaarschneider wäre wohl für ein vereinzeltes Haar etwas übertrieben. Aber wer weiß,

wenn die Entwicklung so weitergeht, brauch ich vielleicht mit achtzig jeden Tag eine Nassrasur.
Letztes Jahr stand ich während eines Urlaubs in London mit meiner Tochter an einer Bushaltestelle und wartete auf einen dieser schönen Doppeldeckerbusse, um in die Kings Road zu fahren, als ich eine ältere Frau erblickte, aus deren Kinn ungefähr fünfzehn lange, graue Haare ragten, allesamt gut fünf Zentimeter lang. Kein schöner Anblick. So etwas hatte ich vorher noch nie gesehen. Die arme Frau war offensichtlich etwas verwirrt und hatte wohl niemanden, der sich um sie kümmerte. Ich war kurz davor, meine Pinzette zu zücken, zu ihr hinzugehen und ihr die Haare einfach auszureißen – aber meine Tochter fand das peinlich, und wahrscheinlich wäre die Frau auch nicht begeistert davon gewesen.
Falls ich jemals an diesen Punkt komme, könnte mir dann bitte eine meiner Leserinnen diese Haare auszupfen? Bitte! Oder mich einfach erschießen? Beides wäre mir in diesem Fall recht.

Und dabei wachsen uns ja nicht nur Barthaare. Gehen wir mal in tiefer liegende Gebiete. Auch dort gibt es Haare – oder besser gesagt: Dort gab es sie mal.
Nein, keine Angst, wir Frauen bekommen mit steigendem Alter keinen Haarausfall in den tieferen Regionen. Das mit dem Haarausfall betrifft wirklich fast ausschließlich Männer. Und die verlieren sie auch nur am Kopf, während die restliche Körperbehaarung meist weiter zunimmt. Wenigstens das haben wir mit den älter werdenden Männern gemeinsam: ein paar haarige Probleme. Etwas ausgleichende Gerechtigkeit muss schließlich sein.
Aber jetzt, um die fünfzig, muss ich feststellen: Im Laufe

meines Lebens hat sich die Einstellung zur Körperbehaarung von Frauen durchaus verändert. Als ich Teenager war, hat sich fast keine erwachsene Frau, die ich kannte, die Achselhaare entfernt. Und beim Schamhaar wurde maximal die Bikinizone rasiert, epiliert oder gewachst. Let it grow! Let it flow! In den siebziger und achtziger Jahren war der Einfluss der Hippiebewegung eben immer noch stark, und Körperbehaarung war hip – weil so natürlich.

Das hat sich mittlerweile komplett gewandelt. Brasilian Waxing wurde 1994 in den USA populär und schwappte dann unter anderem mit »Sex and the City« zu uns herüber. Mittlerweile gibt es in deutschen Großstädten bald mehr Waxing-Lounges als Bioläden. Wahrscheinlich gibt es heute keine zwanzigjährige Frau in der westlichen Hemisphäre mehr, die keinen Kahlschlag hat. Das ist nicht nur mein Gefühl, das beweisen sogar Studien. Die Universität Leipzig fand heraus, dass sich 81,6 Prozent der Frauen und 32,4 Prozent der Männer zwischen 18 und 25 die Körperhaare entfernen. In der Altersgruppe ab 31 Jahren sinken diese Werte signifikant. Mittlerweile kann man das Alter einer Frau wahrscheinlich allein dadurch bestimmen, ob sie Schamhaare hat oder nicht.

Wenn ich mich so bei meinen Freundinnen umhöre, dann ist der Kahlschlag in meiner Generation noch nicht wirklich angekommen. Bei mir mag das daran liegen, dass ich in Sachen Haarentfernung ein echter Feigling bin. Ich scheue nicht nur die Schmerzen des Waxings. Auch die Vorstellung, das Prozedere von einer Person machen zu lassen, mit der ich weder verwandt, verschwägert, befreundet oder sonst irgendwie intim bin, ist mir ehrlich gesagt ein Graus. Ich bin offensichtlich zu alt für so was.

Die jüngeren Semester haben kein Problem damit – ist für die wahrscheinlich ähnlich, wie zum Frauenarzt zu gehen. Aber ich muss sagen, in letzter Zeit ertappe ich mich hin und wieder dabei, wie ich sinnierend vor einem Waxing-Studio stehen bleibe: Totalentfernung ist wahrscheinlich gar nicht das Schlechteste, wenn ich daran denke, dass ich irgendwann nicht nur auf dem Kopf graue Haare haben werde.

Evas Tagebuch

Den Autorinnen dieses Buches ist ein sensationeller Fund gelungen! Wir haben das »Tagebuch« von Eva entdeckt – sieben Steintafeln, die vom Leben der ersten Frau berichten. In Stein gemeißelt, berichtet sie von ihrem Leben und Älterwerden. Wir haben die Texte übersetzen lassen und sie der heutigen Sprache angepasst.

I.

Gott hat uns heute aus dem Paradies geworfen, weil wir vom Baum der Erkenntnis gegessen haben. Ich bin noch ganz schockiert und habe zum ersten Mal Streit mit Adam. Er behauptet, ich hätte mich von einer Schlange verführen lassen. So ein Quatsch! Ich hab den Apfel doch nur gepflückt, weil ich zuvor von der Zukunft geträumt habe und dabei Frauen mit Falten, Hängebusen und flachen Hintern sah. Ein grauenhafter Anblick! Und eine dieser Alten legte sich Apfelschalen auf das Gesicht, um die Falten zu reduzieren. Und da dachte ich mir, schaden kann das ja nichts, das probiere ich mal aus. Und dabei hab ich dieses Verbot von Gott vergessen, ich Schussel. Den geschälten Apfel gab ich Adam, der biss hinein und genoss die Frucht, bis dieses Donnerwetter von oben kam und Gott uns ohne Vorwarnung, ohne Kleidung und ohne Essen aus dem wunderbaren Garten Eden warf. Mir rief Gott noch hinterher: »Unter Schmerzen sollst du deine Kinder künftig kriegen!« Ich bin gespannt, was das heißt, vermutlich nichts Gutes, denn was Nacktsein und Hunger heißt, habe ich nun schon schmerzhaft gelernt.

II.

Adam und ich haben uns seit zehn Jahren eine neue Existenz aufgebaut. Ich weiß nun definitiv, was es heißt, Kinder unter Schmerzen zu bekommen, es ist grauenhaft. Aber noch schlimmer ist vielleicht, dass ich seit der Vertreibung aus dem Paradies sichtlich altere. Tausende von Jahren hatte ich den makellosen Körper einer Zwanzigjährigen, nur mit Lachfältchen, nirgendwo ein graues Haar. Und nun das. Und das hört ja nicht auf, es wird ja immer schlimmer. Ich wünschte, es gäbe überhaupt kein Wasser mehr auf der Welt, in dem ich mein Spiegelbild sehen kann!

III.

Ich bin mit meinen Nerven am Ende. Siebzehn Jahre nach der Vertreibung aus dem Paradies tauchten andere Menschen auf der Erde auf, keine Ahnung, woher die kamen, plötzlich waren sie da. Wir freuten uns zunächst über die Gesellschaft. Die Kinder spielten miteinander, die Männer jagten gemeinsam, und wir Frauen kochten wie verrückt, denn eine von ihnen hatte Feuer mitgebracht. Feuer, das ist eine super Erfindung, die müssen Sie mal ausprobieren! Einfach Fleisch auf einen Spieß

stecken und eine Weile im Feuer braten lassen, bis es bräunlich wird. Das schmeckt phantastisch.
Aber was nützt mir nun das Feuerfleisch?! Ich kann vor Wut und Zorn gar nichts mehr essen, denn Adam, dieser Schuft, hat mich mit einer anderen Frau, einer deutlich jüngeren, betrogen! Ich könnte beide erwürgen, auch wenn Adam mir heute geschworen hat, künftig ganz treu zu sein.

IV.

Gestern hat mir dieser erbärmliche Mann geschworen, nie wieder fremdzugehen, und heute erklärt er mir, das hätte sich auf die Neue bezogen, denn er würde mich verlassen! Die Neue sei von ihm schwanger, er müsse doch für seine künftigen Kinder mit ihr sorgen, und ich sei ja nun ohnehin schon zu alt für weiteren Nachwuchs beziehungsweise unsere Kinder aus dem Gröbsten raus. Ich könnte ihn nicht bloß erwürgen, sondern würde ihn am liebsten aufspießen und im Feuer brutzeln lassen. Alleine kann ich das aber nicht schaffen, deshalb habe ich eine unauffällige »AG Kannibalismus« gegründet.

V.

Fünf Jahre ist es nun auf den Tag genau her, dass Adam mich wegen dieser jungen Schlampe verlassen hat. Die AG Kannibalismus verlief sich leider im Sande, jemand meinte, dafür sei die Zeit noch nicht reif. Ich rächte mich auf meine Art und Weise und schlief mit anderen Männern, allen, die mir gerade gefielen. Aber Adam interessierte das nicht die Bohne! Noch schlimmer: Man trug mir zu, dass Adam mich als »Altersgeile« bezeichne. Und dabei hat er mich seit über einem Jahr nicht gesehen und konnte sich noch nicht mal vor mir erschrecken, so wie ich mich ständig vor mir selbst erschrecke: Seitdem ich keine Blutung mehr habe, bilden sich nicht nur im Gesicht Falten, sondern auch an Armen und Beinen! Ich sehe aus wie ein Apfel, der auf einen Spieß gesteckt und ins Feuer gehalten wurde und nun runzelig ist.

Meine Kinder haben teilweise auch Kinder bekommen und für mich das Wort »Großmutter« erfunden. Das klingt so nett nach »große Mutter«, aber andere verwenden dieses Wort nun generell für so alte Weiber wie mich. Warum hat mir Gott damals beim Rauswurf aus dem Paradies die größte Folgestrafe verschwiegen? Die ist nämlich nicht, unter Schmerzen Kinder zu kriegen, sondern beim Altern so unansehnlich zu werden. Daran hat Gott wohl nicht gedacht, er ist ja auch ein Mann!

VI.

Jetzt hat die Menschheit auch noch einen Spiegel erfunden! Die jungen Dinger in unserer Höhle stylen sich jeden Tag davor und debattieren darüber, ob sie die Felle nun bis kurz unters Knie oder übers Knie tragen. Ich schweige dazu und trage nur noch Ganzkörperfellbekleidung, auch im Sommer. Lieber schwitze ich noch mehr, als ich es mit meinen Wechseljahren ohnehin schon tue, als mich auch noch öffentlich in meinem Verfallsprozess zu präsentieren.

Und dabei heißt es immer, ich solle doch froh sein, so alt zu werden, wie viele Menschen sterben viel jünger. Vielleicht ist das in einer glücklichen Partnerschaft anders, aber doch nicht als alleinstehende Großmutter, die in Sachen Grundsicherung auch noch auf ihre Kinder und Enkelkinder angewiesen ist, während Adam – Sie werden es nicht glauben! –, sich eben schon wieder eine Nachfolgerin meiner Nachfolgerin gesucht hat. Schon wieder eine viel Jüngere. Die könnte seine Tochter sein. Das ist doch nicht zu fassen, wie ungerecht die Welt ist! Hätte ich damals im Paradies auch nur den Hauch einer Ahnung gehabt, was dieser eine Apfel für Folgen haben könnte – ich hätte jeden ermordet, der versucht hätte, ihn zu pflücken!

VII.

Meine Tage sind gezählt, ich werde jeden Tag schwächer. Adam ist übrigens gestorben und hat die junge Schlampe Nummer zwei schwanger zurückgelassen. Tut mir kein bisschen leid, was sucht die sich auch so einen alten Mann? Vermutlich bloß wegen dem Promi-Status, auch mal mit dem ersten Mann der Welt liiert gewesen zu sein! Bei der Beerdigung hat sie sich aufgespielt als »geltende Frau Adams«. Aber meine Tochter meint, später würde einmal kein Hahn mehr nach ihr krähen. Das werde ich wohl nicht verifizieren können, aber es ist mir jetzt auch nicht mehr so wichtig, denn gestern hat mich Gott kurz heimlich besucht, keiner hat es mitbekommen. Ganz verlegen war er zunächst, dann packte er aus: Bei seiner Strafe damals habe er einfach etwas übersehen, er entschuldige sich dafür, in seiner Wut habe er nicht an alles gedacht. Das Altern als Frau jenseits des Paradieses sei ja nun wirklich weit mehr als ein angemessenes Strafmaß. Es sei sozusagen die Hölle auf Erden. Leider könne er dies nun nicht mehr rückgängig machen, die Natur nehme jetzt einfach ihren Lauf. Aber er könne mir versprechen, dass alle Frauen, die mindestens in die Wechseljahre kommen oder sogar älter werden, weder ins Fegefeuer noch in die Hölle wandern, denn das weibliche Altern sei für ein Leben schon Strafe genug.

Ich wollte noch von Gott wissen, wie ich dann im Himmel aussehe, so wie jetzt oder wie damals zu paradiesischen Zeiten, jung und schön – aber darauf gab er mir keine Antwort mehr.

Drei Dinge braucht die Frau

Neulich hatte ich in der Mittagspause genau eine halbe Stunde Zeit, um drei Dinge zu besorgen: Dessous, Handtücher und Partykerzen.

Diese Reihenfolge samt Zeitaufwand ergab sich:

1. Partykerzen: zwei Minuten, im Vorbeigehen mitgenommen
2. Dessous: vier Minuten, einfach Modelle gekauft, die ich schon mal hatte
3. Handtücher: 24 Minuten, ganz genau nach Farbe ausgesucht, damit sie auch in unser Bad passen, Qualität und Preis verglichen

Auf dem Rückweg ins Büro dachte ich plötzlich zerknirscht: »So, jetzt bist du endgültig alt, wenn du 24 Minuten für Handtücher brauchst und nur sechs Minuten für Sex und Party.«
Betrübt mailte ich meine Selbstbeobachtung meiner Lieblingstante Sissi, die dreißig Jahre älter ist und seit zwei Monaten »Internet kann«.
Sissi schickte mehrere Smileys und folgenden Text zurück:
»Nein, meine Liebe! Richtig alt bist du erst, wenn du Handtücher und Partykerzen in sechs Minuten kaufst, aber für die Dessous wie ein junges Mädchen wieder 24 Minuten brauchst!«

Zwickerlein und Zipperlein

Seit ein paar Monaten wohnen Zwickerlein und Zipperlein bei mir im Haus. Und anscheinend auch in den Häusern, Wohnungen, Tiefgaragen und Hütten meiner Freundinnen. Heimlich haben sie sich angeschlichen, sind im Sommer durch ein offenstehendes Fenster geklettert oder nachts durch den – in München wegen der überteuerten Wohnungspreise nicht vorhandenen – Kamin gekrochen. Und jetzt wohnen sie bei uns und beherrschen all unsere netten Gespräche bei Rotwein und Dunkelbitterschokolade (beides übrigens sehr gut für die Herzkranzgefäße).

Zwickerlein und Zipperlein setzen sich einfach irgendwo in unserem Körper fest und machen dann ihren miesen, kleinen Job. Zwicken und zwacken, zippen und tacken. Tja, so ist das mit ungebetenem Besuch über fünfzig. Ist nicht mehr so gerne gesehen wie früher.
Seitdem meine Freundinnen und ich also zu Hause Zwickerlein und Zipperlein zu Besuch haben, haben sich unsere Gespräche leider erheblich verändert. Früher ging das ungefähr so:
»Also, ich hab da gestern auf der Vernissage diesen tollen Typen kennengelernt. Er blieb bis nachts um drei, und dann ist er einfach ohne ein Wort verschwunden. Und jetzt warte ich seit drei Tagen auf seinen Anruf. Oh, Mann!«
Ein tiefer Seufzer.

»Mädels, ich sage es euch, der Sex war echt unglaublich.«
Ein paar Jährchen später ging das Gespräch dann so:
»Also, Luna kommt jede Nacht – wirklich jede Nacht – zu uns in Bett. Ungefähr nachts um drei. Legt sich mitten zwischen uns und schläft dann sofort wieder ein. Im Gegensatz zu mir natürlich. Ich liege dann wach, kein Wunder, ich habe ja nur noch zwanzig Zentimeter Bett zur Verfügung. Und morgens habe ich dann das Gefühl, ich hätte drei Nächte überhaupt nicht geschlafen.«
Ein tiefer Seufzer.
»Mädels, ich sage es euch, ich habe keine Ahnung, wann mein Mann und ich das Bett das letzte Mal für uns alleine hatten. Und an Sex wage ich gar nicht zu denken.«
Tja. Das war in der Vergangenheit. Heute sieht das alles ganz anders aus.
Jetzt, wo Zipperlein und Zwickerlein bei uns wohnen, klingt das ungefähr so:
»Also, ich werde jede Nacht wach, so um drei ungefähr. Und nein, es hat nichts mit den Schweißausbrüchen zu tun. Aber jede Nacht um diese Zeit tut es mir da unten im Bauchraum irgendwie weh. Ein ganz komischer, zwickender, drückender Schmerz. Ich war schon beim Frauenarzt, beim Gastroenterologen und natürlich beim Hausarzt. Keiner konnte etwas finden.«
Ein tiefer Seufzer.
»Ich habe überhaupt keine Lust auf Sex mehr. Immerzu muss ich an diesen komischen Schmerz denken. Was, wenn es doch was Ernstes ist?«
Tja, so ist das mit Zwickerlein und Zipperlein. Sie kommen ins Haus und wandern durch unseren Körper. Mal hier. Mal da. Trallala. Und es sieht nicht so aus, als würde der ungebetene Besuch demnächst wieder verschwinden.

Manche von uns glauben, sie könnten den Besuch von Zwickerlein und Zipperlein aufhalten, wenn sie ganz oft zur Vorsorgeuntersuchung gehen. Nele, meine Freundin, glaubt zum Beispiel ganz fest daran. Neulich erst hatten wir wieder eines dieser Zwickerlein-Zipperlein-Gespräche. Es gab diesmal Weißwein, aber sonst ging es um das gleiche Thema wie immer.
Lisa hatte da seit zwei Wochen so Verdauungsprobleme. Genaueres will ich hier nicht erläutern. Es könnte ja sein, dass Sie heute noch was essen wollen. Zipperlein war offensichtlich in Lisas Darm weitergewandert. Vor vier Wochen war es noch das Knie. Aber egal.
Nele empfiehlt Lisa vorsichtshalber eine Koloskopie.
»Eine Kolosko-was?«
Lisa blickt Nele verständnislos an. Sie hat es nicht so mit medizinischen Fachbegriffen – sie schwört auf Homöopathie. Da hat die Medizin dann auch viel nettere Namen wie Belladonna oder Pulsatilla.
»Eine Darmspiegelung, meine Liebe, ab fünfzig sollte man das ohnehin alle zwei Jahr machen.«
»Aber ich will keinen Schlauch schlucken, nur weil ich gerade etwas unpässlich bin ...«
»Du schluckst auch keinen Schlauch, sondern der Schlauch wird dir ...«
»Vielleicht noch jemand ein Glas Weißwein?«, flöte ich, um das Thema zu wechseln. Nele ist einfach immer sehr direkt. Und dann füge ich schnell hinzu: »Ich weiß nicht, diese ganzen Vorsorgeuntersuchungen ab fünfzig. Da müsste ich ja jede Woche zu einem anderen Arzt. Das ist dann doch etwas zeitaufwendig.«
Ehrlich gesagt, ich hasse Arztbesuche. Und schiebe alles immer so lange raus, bis der Zahn so weh tut, dass er fast

von alleine rausfällt – oder ich einfach ohnmächtig werde und mir dann sowie nichts mehr weh tut. Zugegeben, das ist wahrscheinlich keine Strategie, mit der ich hundert werden kann.
»Sag bloß, du warst auch noch nicht bei der Koloskopie?«
Nele blickt mich streng an. Mannomann! An ihr ist echt eine Oberlehrerin verloren gegangen. Ich fühl mich gerade wie in der siebten Klasse bei Frau Schmidt und habe mal wieder meine Hausaufgaben vergessen.
»Doch, natürlich. Ich hab schon eine gemacht.«
Ich strahle in die Runde. Ich will da jetzt nicht abloosen.
»Da war ich dreißig und hatte wochenlang diese blöde Magen-Darm-Infektion.«
Nele bekommt vor Missbilligung ganz kleine Augen.
»Dafür geh ich regelmäßig zur Mammographie – nun ja, zumindest war ich vor zwei Jahren«, schiebe ich schnell nach.
Nele schüttelt den Kopf und wendet sich wieder an Lisa.
»Versprich mir, dass du morgen einen Termin bei meinem Gastroenterologen machst. Hier ist seine Nummer.«
Nele schiebt Lisa eine Visitenkarte zu. »Wahrscheinlich kriegt sie von dem Arzt Prozente«, denke ich einen kurzen Moment lang. Das wäre vielleicht sowieso ein guter Nebenverdienst. Seit ich alleinerziehend bin, ist das Geld immer knapp. Und Zwickerlein und Zipperlein sind ja ständig bei meinen Freundinnen zu Besuch. Der Bedarf an Ärzten hat also eindeutig zugenommen.
»Danke, Nele. Du bist echt ein Schatz. Eigentlich gehe ich ja lieber zu meiner Schamanin, die sieht mit ihrem dritten Auge auch ganz genau, wenn bei mir etwas nicht stimmt. Aber wenn du darauf bestehst ... Nicht, dass du

denkst, ich würde nie was zur Vorsorge machen. Du glaubst nämlich nicht, was ich letzte Woche getan habe!«
Nele und ich schauen Lisa an. Ich kann mir nicht vorstellen, dass Lisa bei einem richtigen Arzt war. Seit ich sie kenne, geht sie lieber zu Schamanen, Homöopathen und Akupunkteuren. Aber vielleicht bieten die ja auch schon Vorsorgeuntersuchungen an. Wäre ja gar nicht schlecht. Ich schlucke auch lieber ein paar Kügelchen als einen Schlauch.
»Ich hab mir meine Grabstelle gekauft. Für 5000 Euro – war gerade ein Sonderangebot, meinte der Mann am Telefon. Er hat mich abends kurz vor sechs angerufen. Keine Ahnung, woher er meine Nummer hatte. Aber er klang wirklich sehr nett. Eine echt angenehme Stimme. Auf jeden Fall hat er mich total überzeugt. Das Ding war ein echtes Schnäppchen, im neuen Teil des Westfriedhofs. Schön ruhig, mit Bäumen und Vögeln. Und in der Nähe gibt es sogar einen Seerosenteich. Das Ganze war ein Sonderangebot, weil die gerade umbauen. Nächstes Jahr wird dort alles teurer – typisch München. Ich meine, wir haben ja schon Neubau-Quadratmeterpreise von bis zu 10.000 Euro. Und ein Grab hat ja gute zwei Quadratmeter. Das war schon sehr einleuchtend, was der Mann mir gesagt hat – und da hab ich das Ding einfach schnell gekauft. Und noch eins für Fred – direkt neben mir. Ich finde, es ist eine unglaublich schöne Vorstellung, auch später für immer nebeneinander zu liegen.« Lisa strahlt in die Runde, und selbst Nele ist von so viel Vorsorge platt.
»Wollt ihr nicht auch gleich kaufen? Das wäre doch schön, wenn wir alle nebeneinander liegen könnten!«
Lisa strahlt noch mehr.

Nele und mir dagegen ist das Lachen irgendwie vergangen. So weit will selbst Nele nicht mit der Vorsorge gehen.

Tja. Ich hab die Grabstätte neben Lisa doch noch nicht gekauft. Aber ich muss sagen, seitdem ich ernsthaft darüber nachdenke, haben sich Zwickerlein und Zipperlein aus meinem Haus verabschiedet. Ich glaube, die ganze Sache ist ihnen langsam doch zu ernst geworden.
Und ich muss nächste Woche ganz dringend nicht zum Arzt.

Keine Milchmädchenrechnung – warum ich 27 Jahre alt bin

Mit meinen 50 Jahren habe ich rein rechnerisch gesehen noch zwei Drittel meines Lebens vor mir. Das glauben Sie mir nicht? Ich werde es Ihnen hier beweisen!
Die Lebenserwartung in Deutschland und anderen Ländern steigt und steigt. In den vergangenen 130 Jahren hat sich die durchschnittliche Lebenszeit mehr als verdoppelt. Eine heute 50-jährige Frau wird in Deutschland rein statistisch etwa 84 Jahre alt, ein 50-jähriger Mann etwa 75 Jahre (Mittelwert aus verschiedenen Statistiken). Wer sich nun angesichts der im Hospiz dahinsiechenden Tante fragt, ob es auch wirklich so toll und erstrebenswert ist, so alt zu werden, für den gibt es eine positive Nachricht: Auch die Zahl der gesunden und fitten Jahre steigt. Eine Analyse von Florian Trachte von der Medizinischen Hochschule in Hannover ergab, »dass in Deutschland mehr Senioren zwischen 65 und 89 ohne Hilfe klarkommen als noch in den neunziger Jahren« (*Die Welt*, 14.10.2014).
Als 50-Jährige habe ich nun also noch nicht einmal zwei Drittel meines statistisch zu erwartenden Lebens hinter mir. Mindestens. Denn wenn ich meine kaum mehr bewusst erinnerte Kindheit abziehe, also von 70 bewusst erlebten Lebensjahren ausgehe, fällt die Bilanz noch besser aus, und ich bin ungefähr bei der Hälfte meiner Le-

benszeit angelangt. Selbstverständlich muss dann in die Berechnung auch noch das subjektive Zeitempfinden einfließen – weil die Zeit heute für mich viel schneller vergeht als noch vor 30 Jahren, darf ich die mir bevorstehenden Lebensjahre verdoppeln, denn nur ich empfinde sie als kürzer. Damit wäre ich bei 34 mal 2 bevorstehenden Lebensjahren, also bei 68 im Vergleich zu den schon 50 verbrachten Lebensjahren. Also habe ich noch lange nicht die Mitte meines Lebens erreicht! Und dann sind da noch die Jahre rauszurechnen, die ich gar nicht lebendig verbracht habe, also 1 Jahr unendlicher Liebeskummer zwischen 17 und 18; 4 Jahre rund um die Uhr im Büro zwischen 24 und 28; 5 Jahre nur funktionieren und nicht mehr zum Schlafen kommen mit den Kleinkindern. Ich kann also noch einmal 9 Jahre abziehen und habe so 68 Lebensjahre vor und 40 Lebensjahre hinter mir. Ich habe also noch rund 63 Prozent Lebenszeit vor mir, also ungefähr zwei Drittel.

Das heißt wiederum nach der Eingangsstatistik, dass ich mit gefühltem Fug und Recht behaupten darf, ich sei erst 27 Jahre alt, denn ich habe ja noch zwei Drittel meines Lebens vor mir. Alles klar? Und sagen Sie jetzt nicht, das sei eine Milchmädchenrechnung. Nein. Das ist eine Altweiberweisheit!

Die Neandertalerin

Ich habe eine Freundin, die namentlich leider nicht erwähnt werden möchte, deren unglaubliche Geschichte ich aber dennoch dringend erzählen muss:

Also, meine Freundin – nennen wir sie der Einfachheit halber Marie – erreichte irgendwann kurz nach mir ihren fünfzigsten Geburtstag. Bis dahin war im Großen und Ganzen alles gut in ihrem Leben. Ein gekauftes und schon fast abbezahltes Reihenhaus in der Vorstadt, zwei Kinder, die die Pubertät schon mehr oder weniger hinter sich hatten, ein netter und gut verdienender Ehemann, ein Halbtagsjob in einem Buchladen. Nichts Aufregendes sicherlich, aber ein Leben, das durchaus angenehm und gut war.
Maries fünfzigster Geburtstag wurde groß mit Freunden und Familie in einem Hotel in den Bergen gefeiert. Und dort, in diesem Hotel, erwischte sie ihren Mann mit einer jüngeren Frau im Dampfbad der Spa-Abteilung in eindeutig zweideutiger Position. Der Klassiker. Sicherlich. Aber deshalb nicht weniger schmerzhaft für die Frau, die es trifft.
Wie sich herausstellte, war das Ganze auch kein kleiner Seitensprung, über den man in langen Paartherapiestunden hätte diskutieren können, um dann, etwas angeschlagen, in die nächsten Ehejahre zu gehen. Nein, die junge Dame war schwanger, das Kind fünf Monate später fällig und Maries Mann Fred im Grunde genommen erleich-

tert, dass Marie ihn endlich erwischt hatte. Er hatte einfach nicht gewusst, wie er ihr das beichten sollte.
Die Party war zu Ende, Fred zog innerhalb von 24 Stunden aus dem fast abbezahlten Reihenhaus aus, und Marie versank verständlicherweise in untröstlichem Selbstmitleid.
Alle ihre Freundinnen, ich eingeschlossen, taten, was man in einer solchen Situation eben tut: jede Menge Alkohol und Essen vorbeibringen, immer ein offenes Ohr haben, Unmengen an Beschimpfungen auf den treulosen Ex-Ehemann loslassen und als Trost ein neues, besseres Leben ohne diesen Arsch herbeireden. Die Ehe wurde bis ins kleinste Detail analysiert. Marie rief zweimal mitten in der Nacht heulend bei mir an, und ich eilte sofort zu ihr, um Händchen zu halten und ihr das Gefühl zu geben, nicht allein zu sein. Das Leben geht schließlich weiter, auch ohne Ehemann.

Und dann, nach einem halben Jahr, war für Marie das Schlimmste überstanden. Eines Morgens, als ich sie zum Frühstücken besuchte, hatte sie wieder Glanz in den Augen und Pläne im Kopf. Marie beschloss, ihre Ehe hinter sich zu lassen und fortan ihr Leben zu verändern.
Sie nahm zehn Kilo ab, trainierte täglich im Fitnessstudio, ging zum Schönheitschirurgen, um endlich den Busen zu bekommen, den sie schon immer haben wollte, fing mit dem Golfen an, renovierte ihr Haus, richtete sich endlich ohne das olle Ledersofa ihres Ex-Mannes ein, fuhr für ein paar Wochen in ein Yoga-Retreat nach Indien, um sich selbst zu finden, und lernte auf dem Rückflug einen ganz tollen, zehn Jahre jüngeren Surflehrer kennen, der sich sofort in sie verliebte. Mittlerwei-

le sind die beiden verheiratet und leben, der guten Wellen wegen, auf Fuerteventura.

Schön, wenn es so wäre. Aber so endet die Geschichte nicht. Das wäre ja ein Märchen, und an Märchen glaubt man mit über fünfzig nun wirklich nicht mehr. Aber eines davon ist wahr: Ich besuchte Marie wirklich eines Morgens zum gemeinsamen Frühstück und fand sie, zu meinem Entsetzen, in einem noch schlimmeren Zustand vor als all die Monate vorher. Jeder Frau, die gemein verlassen wird, sind ein paar Wochen oder Monate Auszeit mit zu wenig Duschen, Jogginganzügen und fettigen Haaren gegönnt. Das ist ja wohl klar. Das muss einfach so sein, damit man danach wie Phönix aus der Asche wieder auferstehen kann.

Marie beschloss an diesem Morgen in der Tat, ihr Leben zu verändern. Aber in eine völlig andere Richtung, als ich gedacht hätte.

Ihr Haar war an diesem Morgen noch ungewaschener als sonst, und wenn mich nicht alles täuschte, ging dieser strenge Geruch, der in der Luft hing, nicht ausschließlich von dem Käse aus, den Marie gerade für das Frühstück aus dem Kühlschrank holte. Der Geruch kam eher aus dem Morgenmantel, den Marie um sich geschlungen hatte.

Verdammt. Was sollte ich tun? Hier war wohl eine Krisensitzung aller Freundinnen von Marie nötig. Irgendwie mussten wir es doch schaffen, die Arme aus den Fängen einer beginnenden schweren Depression zu befreien. Im Geiste war ich schon dabei, die Mädels zu einer außergewöhnlichen Sitzung zusammenzutrommeln, als sich Marie, mit einem Teller Käse in der Hand, zu mir an den Frühstückstisch setzte. Und zu meiner Verblüffung hatte

Marie ein Funkeln und Strahlen in den Augen, das nun wirklich gar nicht zu ihrem Äußeren passte.
Ich muss sie ziemlich verblüfft angestarrt haben, und wahrscheinlich habe ich wegen des Geruchs auch etwas die Nase gerümpft.
Marie strahlte mich an, machte sich ein Brötchen mit Himbeermarmelade und sagte zu mir: »Du darfst ruhig die Nase rümpfen, ich weiß, ich müffele etwas, und meine Haare sind seit acht Tagen nicht gewaschen. Aber ich fürchte, du wirst dich daran gewöhnen müssen. Tut mir leid. Aber ich werde ab sofort mein Leben ändern. Weißt du, ich habe nachgedacht, viel nachgedacht. Zum ersten Mal in meinem Leben hatte ich so richtig Zeit zum Nachdenken, jetzt, wo meine Kinder nur noch auf Partys sind und Fred bei seiner neuen Frau und dem Baby ist. Ich bin zu dem Schluss gekommen: Schluss mit all dem Getue, all der Gymnastik, all der Kosmetik, all den Diäten, all diesem Wahnsinn, mit dem ich mich und meinen Körper gequält habe. Warum? Wieso? Macht doch sowieso keinen Sinn! Ich war jahrelang im Bauch-Beine-Po-Training. Ich habe Hanteln gestemmt, mir regelmäßig die Achseln und die Bikinizone rasiert, einmal habe ich mir sogar einen Brazilian machen lassen. Also alles weg, bis auf einen Mittelstreifen. Das hat verdammt weh getan, sag ich dir. Und warum? Wozu? Um dann mit fünfzig verlassen und betrogen zu werden? Seit ich in der Pubertät war, also seit mindestens 35 Jahren, bin ich ständig dabei, an meinem Körper in irgendeiner Form was zu machen. Augenbrauenzupfen, Rasieren, Waschen, Föhnen, Schminken. Du kennst das ja – jede Frau kennt das. Der blanke Wahnsinn! Was das Zeit gekostet hat! Und was das Geld gekostet hat! Ich habe das in einer meiner

schlaflosen Nächte mal in einer Exceltabelle zusammengefasst. Wenn ich zusammenzähle, was ich alleine für Kosmetik ausgegeben habe ... Wenn ich das in einen anständigen Fonds gesteckt hätte, anstatt es mir auf die Haut zu schmieren, könnte ich wahrscheinlich aufhören zu arbeiten und müsste mir nicht gezwungenermaßen einen Fulltime-Job suchen, was in meinem Alter sowieso nicht mehr klappen wird. Niemand stellt Frauen über fünfzig ein, die sich jahrelang mehr um die Familie als um ihren Job gekümmert haben. Das ist nun mal die Wahrheit. Und in meiner Exceltabelle, die ich dir gerne zumailen kann, sind noch nicht einmal die Kosten für Fitnessstudio, Klamotten etc. mit eingerechnet. Ein Vermögen hab ich für die dauernde Körperinstandhaltung ausgegeben. Und warum? Warum machen wir Frauen das? Erklär mir das mal bitte!« Marie nahm einen Schluck Kaffee und blickte mich empört an.

»Ich ... ähm ... Ich denke, wir machen das, um uns schön zu fühlen.«

»Ah, ja, um uns schön zu fühlen? Quatsch. Ich sage dir, wir machen das, um den Männern zu gefallen. Oder weil wir denken, wir gefallen so den Männern. Ich habe das auf jeden Fall so gemacht, damit ich möglichst attraktiv für meinen Mann bleibe. Aber Fred hat ja noch nicht mal bemerkt, wenn ich frisch vom Friseur kam. Wahrscheinlich hätte ich mir eine Glatze rasieren lassen müssen, um eine Reaktion von ihm zu erhalten. Und wahrscheinlich hätte ich mir dieses ganze Kosmetik-Sport-fit-jung-schön-sein-Gedöns sowieso sparen können. Hat ja alles doch nichts genutzt, wie man sieht ... Männer wollen jüngere Frauen. Und die Jugend gibt's nun mal nicht im Kosmetiktiegel, auch wenn es immer draufsteht.«

»Ist Fred dann nicht doch das eigentliche Problem?«, fragte ich vorsichtig, da ich das Gefühl hatte, dass Marie immer noch nicht ganz über die Sache hinweg war. Kein Wunder. Ihr Scheidungstermin war ja auch erst sechs Wochen her.

»Fred? Ach, vergiss den, ich hab ihn auch vergessen, der ist nicht das Problem. Nicht mehr. Nein. Ganz im Gegenteil. Endlich bin ich aufgewacht. Und habe klar erkannt, in welche Richtung ich jetzt gehen muss. Hier – sieh mal! Die habe ich seit Jahren nicht mehr gesehen!«, meinte Marie stolz, öffnete den Morgenmantel und zeigte mir dabei nicht nur ihren Busen, sondern auch ihre Achseln, unter denen sich, zu meiner Verblüffung, etwas Dunkles abzeichnete.

Haare! Achselhaare! So etwas hatte ich in der Tat seit Jahren nicht mehr zu Gesicht bekommen. Echte Achselhaare. So was! Ich starrte Marie verblüfft an. Damit hatte ich wirklich nicht gerechnet.

»Genau, meine Liebe, du weißt doch gar nicht mehr, wie das in Wirklichkeit aussieht unter deinen Achseln, weil du dich doch auch seit mindestens dreißig Jahren dauernd rasierst. Eins sage ich dir: Nicht mehr mit mir – mit mir nicht mehr! Diese Zeiten sind aus und vorbei. Ich werde mich ab und zu noch in den Regen stellen, ich will ja nicht, dass sich die Leute die Nase zuhalten, wenn ich in den Supermarkt gehe. Aber das war es dann auch. Ich habe keinen Bock mehr auf diesen ganzen anderen Scheiß. Einen neuen Mann findet man mit über fünfzig sowieso nicht mehr – da kann ich diesen ganzen Schwachsinn ja gleich lassen und endlich so sein, wie ich wirklich bin. Und das gesparte Geld geht ab sofort in einen Rentenfonds.«

»Ähm, ja ... Nun, du musst wissen, was du tust«, murmelte ich vor mich hin.
Marie nickte. Und machte sich noch ein Marmeladenbrötchen.
»Ich weiß genau, was ich tue. Und lass dir bloß nicht einfallen, die Mädels zusammenzutrommeln, um mich vor einer beginnenden schweren Depression zu retten. Die hab ich nämlich nicht. Mir geht es bestens.«

Als ich an diesem Tag nach Hause kam, war ich immer noch irgendwie verstört. Und verblüfft. Und ich fing an nachzudenken. 35 Jahre Dauerbeschuss von Rasierer, Epilierer oder Waxing! 35 Jahre lang cremen, zupfen, spülen, pflegen, malen, föhnen, färben, tönen, tonen und dieses ätzende Bauch-Beine-Po-Training. Marie hatte recht. Ich hatte meine Achselhaare seit mindestens dreißig Jahren nicht mehr gesehen, außer in Form von kleinen Stoppeln. Das alles war unglaublich zeit- und geldaufwendig. Aber einfach damit aufhören? Ich beschloss, Marie in den nächsten Wochen öfter zu besuchen und, falls das doch der Beginn einer Depression sein sollte, sofort den Mädels-Rat einzuberufen, um ihr zu helfen.

Zu meiner Verblüffung ging es Marie aber immer besser und besser. Sie hörte tatsächlich komplett auf, sich zu rasieren, Schminken fiel sowieso vollkommen flach, die ganzen Cremedöschen landeten im Müll, und Marie duschte einfach, wenn es regnete. Ihre Haare wuchsen, wie sie wollten, Sport machte Marie nur noch, wenn sie im Garten herumwuselte, und an ihre Haut ließ sie nichts mehr außer Wasser. Irgendwann wohnte sie dann auch nicht mehr in ihrem Haus, sondern hatte sich hinten im

Garten eine Art Höhle gebaut. Ihr neues Motto war: Zurück zu den Wurzeln. Zurück zu den Neandertalern. Schluss mit dem Terror der ewigen Jugend und Schönheit!
Und ich wurde auf dem Weg zu meiner Yogastunde das Gefühl nicht so ganz los, dass Marie auf einem erstaunlichen, aber durchaus richtigen Weg war. Als ich jung war, waren Frauen um die fünfzig völlig anders als heute. Zumindest habe ich das so in Erinnerung. Frauen um die fünfzig trugen damals Kittelschürzen und kurze Haare, die meist schon grau und mit Lockenwicklern verziert waren. Sie hatten eine gemütliche Figur, die zum Anlehnen einlud, und ihre Bauch-Beine-Po-Gymnastik bestand darin, sich und ihrer Familie jeden Tag ein leckeres Essen zu kochen. Und sonntags gab es selbstverständlich Kaffee und Kuchen. Sie sahen nicht aus wie dreißig, und sie wollten es anscheinend auch nicht.
Doch die Zeiten haben sich geändert. Heute sehen Frauen um die fünfzig fast so aus wie die Frauen früher um die dreißig – oder sie versuchen es zumindest. Was natürlich bedeutet, dass der Aufwand, um so auszusehen, unglaublich groß geworden ist. Das weiß ich nun aus eigener Erfahrung. Es mag sein, dass ich alles, was unter das Kapitel »früher« fällt, mittlerweile durch einen Schleier wehmütiger Nostalgie betrachte. Aber Maries Entwicklung weg von »Fünfzig ist das neue dreißig« hatte was.
Und zu meiner Verblüffung traf Marie damit irgendwie den Nerv der Zeit. Sie fing an, über ihr neues Leben zu bloggen und zu twittern (den Zugang zum Internet hatte sie Gott sei Dank behalten), und innerhalb kürzester Zeit hatte Marie 24.867 Facebook-Likes. Demnächst will ein Fernsehteam vorbeikommen und eine Doku über sie ma-

chen. Ein Buch hat Marie übrigens auch schon in Planung.
Nun, es ist ganz wunderbar, dass es meiner Freundin nach all dem Scheiß wieder gutgeht, aber das Verblüffendste an der ganzen Sache ist, dass sich Marie seit ihrer Verwandlung zur Neandertalerin gar nicht mehr vor Männern retten kann. Jawohl. Die Männer stehen vor ihrer Höhle Schlange, und sie muss sich die Kerle quasi mit der Keule vom Leib halten, wenn sie mal ihre Ruhe haben will. Sogar ihr Ex-Mann Fred ist wieder aufgetaucht. Das Leben mit einer Dreißigjährigen und einem neugeborenen Baby sei furchtbar anstrengend. Er könne keine Nacht durchschlafen und sehne sich nach Maries Apfelkuchen. Ob er sich vielleicht nicht wenigstens für zwei Wochen in Maries Höhle von seinem anstrengenden neuen Familienleben erholen könne? Es wäre alles so entspannt bei ihr.
Was soll ich sagen?
Marie hat Fred zum Teufel gejagt und sich lieber ihren neuen Nachbarn geschnappt, der immer hechelnd am Gartenzaun hing.
Ich und die anderen Mädels sind von dieser Entwicklung mehr als überrascht. Und als ich Maries Geschichte einmal einem befreundeten Biologen erzählte, hat der nur weise genickt und etwas von nicht mehr überdeckten Pheromonen und sonstigen Düften gemurmelt, die Marie mittlerweile wohl zwangsläufig ausströmt, da gerade Körperhaare wie ein Diffusor für natürliche Düfte wirken. Der Geruch von Marie geht bei Männern anscheinend direkt ins Stammhirn und funktioniert sogar besser als jugendlich straffe Haut.

Nun, ich weiß zwar nicht, ob Maries Weg der meine ist, aber ich habe mir seit zwei Wochen die Achselhaare nicht mehr rasiert. Wer weiß, wohin das führen wird? Irgendwann ist man vielleicht alt genug, um nicht mehr permanent jung sein zu müssen.

Aging-Voodoo

Mein Mann würde mir an dieser Stelle zwar heftig widersprechen, aber er bekommt dieses Manuskript nicht zu lesen, sondern erst das fertige Buch, wenn es schon gedruckt ist! Also kann ich jetzt über all seine mutmaßlichen Einwände hinweggehen und folgende Behauptung zu Papier bringen: Ich bin ein vernunftbegabtes Wesen. Mein Hang zu völlig überflüssigen Schuhen und Handtaschen hat ausschließlich mit meinen beiden X-Chromosomen zu tun, also mit meiner weiblichen Natur, und die hat nun wiederum nichts mit meiner menschlichen Vernunft zu tun. Nur männliche Kleingeister wie mein Gatte werfen das in einen Topf. Als ob ich nicht völlig klar denken könnte, nur weil ich einen extra Keller für meine Schuhe und Handtaschen angemietet habe!

Die Vernunft ist mir sogar so wichtig, dass ich mich in einem Verein engagiere, der die Werte der Aufklärung gegen den heutigen Mainstream verteidigt. Wir wehren uns dagegen, dass die Wissenschaft immer mehr von Dogmen, Glauben und Forschungsgeldern bestimmt wird anstatt von dem Ziel, unabhängiges Wissen zu generieren. Wir zerlegen Statistiken, die offensichtlich falsch angelegt oder interpretiert wurden.
Wenn eine Statistik besagt, dass eine deutsche Frau im Durchschnitt zwanzig Paar Schuhe besitzt und in ihrem Leben mit durchschnittlich 6,3 verschiedenen Männern schläft, so heißt das noch lange nicht, dass die Schuhe

einer Frau wichtiger wären als die Männer. Korrelation und Kausalität werden dabei verwechselt – das eine hat nicht unbedingt etwas mit dem anderen zu tun. Eines der bekanntesten Beispiele dafür sind die schwedischen Störche: In den zwanziger Jahren des letzten Jahrhunderts wurde in Schweden ein hoher korrelativer Zusammenhang zwischen der sinkenden Geburtenrate und der Abnahme der Storchenpopulation festgestellt. Es ist offensichtlich, dass es sich nicht um einen kausalen Zusammenhang handelt, denn die Kinder werden nun mal nicht vom Storch gebracht. Die Ursache für den parallelen Rückgang der beiden Populationen liegt vermutlich im zunehmenden Trend zur Verstädterung. Ich kann Ihnen nur empfehlen, genauer hinzuschauen, wenn Statistiken etwas vermelden. Mehr denn je gilt das Motto: »Glaube keiner Statistik, die du nicht selbst gefälscht hast!«
Als die Kinder plötzlich so groß waren, dass sie mich von einem Tag auf den anderen nicht mehr brauchten, suchte ich mir unbewusst eine neue Aufgabe und gründete diesen Verein. Seit einigen Jahren durchleuchten wir nun allerlei Unsinn wissenschaftlich und filtern heraus, ob dahinter politische Lobbyinteressen stehen, die gezielt von den Medien lanciert werden. Aber jetzt höre ich auch schon auf, hier geht es nicht um meinen Verein, ich wollte Ihnen nur schildern, wie wichtig mir Vernunft und Fakten sind und dass ich quasi eine kleine Expertin auf diesem Gebiet bin.

Und doch gibt es da eine klitzekleine Schwachstelle in meinem Kopf (jenseits des normalen weiblichen Schuhkellers). Seit meinem 39. Geburtstag ist es mir völlig piepegal, was Statistiken und Wissenschaftler zu einem ganz bestimmten Thema sagen. Ich lese erst gar keine Forschungsergebnisse, ich will gar nichts dazu *wissen*, sondern will es einfach nur *glauben*.

Seit meinem 39. Geburtstag glaube ich an Anti-Aging-Cremes.

Tempus fugit

Ältere Damen sind für mich heute noch Frauen mit fleischfarbenen Seidenstrumpfhosen, gemusterten Kleidern und beigen Mänteln. Sie tragen goldene Eheringe, lassen sich Dauerwellen legen und laden zu Kaffee und Kuchen auf buntem Geschirr ein. Sie haben einen Führerschein, aber trauen sich selbst nicht, Auto zu fahren. Sie bügeln die Bettwäsche und planen minutiös jedes Familienfest. Sie kämen niemals auf die Idee, Essen bei »Call a Pizza« zu bestellen. Und zu ihren größten Respektspersonen zählen Lateinlehrer.

Dieses Bild einer älteren Dame hat sich in meinen Kopf eingebrannt, ganz unabhängig von Falten, grauen Haaren und Altersflecken. Diese Leute sind alt. Nicht ich. Trotz zunehmender Falten, grauer Haare und Altersflecken. Und ich komme noch nicht einmal auf die Idee, dieses mein Bild etwas zu korrigieren, bis meine Tochter eines Tages heulend von der Schule heimkommt. Ihre Lateinlehrerin war schwanger geworden, als Vertretung kam nun eine »blöde, alte Zicke«, die unfair ausfragt, das doppelte Pensum an Hausaufgaben gibt und alle, die bei ihren Seneca-Witzen nicht mitlachen, mit schlechten Noten abstraft.
»So eine blöde Kuh!«, empöre ich mich mit meiner Tochter.
»Frustriert und underfucked!«, schimpft Eva.
»Eva, bitte, so was sagt man nicht ...«

Ich könnte mir selbst auf die Zunge beißen. Was habe ich mich schon über meine Mutter geärgert, die so oft sagte: »So was sagt man nicht.«
Ich schweige und denke an meine eigene Lateinlehrerin: Fleischfarbene Seidenstrumpfhosen, zugeknöpfte Bluse, Faltenrock, Dauerwelle, ohne Ehering. Wir nannten sie alle nur »AJU«, die Abkürzung für »alte Jungfer«.
»Voll die asoziale Alte«, schimpft Eva weiter.
»Wie alt ist sie denn?«, frage ich.
»Keine Ahnung«, erwidert Eva, »Steinzeit eben.«
»Im Alter verstärken sich manche Charakterzüge noch«, höre ich mich, mit dem Bild meiner Lateinlehrerin vor dem geistigen Auge, sagen.
»Die hat mich heute mit einer Sechs ausgefragt, obwohl ich die letzte Stunde krank war, das darf sie doch gar nicht!«, bricht es aus Eva heraus.
»Soll ich mal mit ihr reden?«, biete ich meiner Tochter an.
»Ja, Mama, danke, das wäre cool.«
Ich freue mich, meine Tochter trösten zu können, und vereinbare am nächsten Tag einen Termin für die Sprechstunde der neuen Lateinlehrerin.

Weil auch bei Lateinlehrern, wie bei allen anderen Menschen, der erste optische Eindruck eine wichtige Rolle spielt, überlege ich vorher genau, was ich anziehe und wie ich mich style, um die alte Kuh nicht schon gleich gegen mich beziehungsweise Eva aufzubringen. Ich entferne den grünen Nagellack, tausche meine Jeans gegen ein dunkles Kleid, schminke mich nur ganz unauffällig und ziehe statt der geliebten Chucks dunkle Ballerinas an. Vor der Tür zum Sprechzimmer schalte ich mein

Handy aus und überlege, welche Worte angemessen für die unfaire Behandlung meiner Tochter sind.

Ich klopfe, drücke die Türklinke und falle im nächsten Moment fast tot um – am Tisch vor mir sitzt eine Frau um die dreißig, grün lackierte Fingernägel, Lippenstift, Jeans, Chucks und einen H&M-Pulli für zehn Euro, den ich auch neulich erstanden habe. Das also ist für meine Tochter Eva »Steinzeit«-Alter?!

Höflich bespreche ich mit der Lateinlehrerin das Problem. Ob eine neue Schulordnung vielleicht das Abfragen nach Fehlstunden erlaube? Das Problem löst sich schnell – jemand hatte vergessen, Evas Fehlstunde zuvor einzutragen, die Note wird annulliert. Bei aller Freundlichkeit bleibt mir die Dame unsympathisch, und ich verstehe Evas Aversion gegen sie, ohne das an etwas festmachen zu können.

Und dann verabschiedet sich die Lateinlehrerin mit einem Satz, für den ich sie jetzt noch erwürgen könnte.

»Kann ich sonst noch etwas für Sie tun, junge Frau?«

Diese Göre nennt mich despektierlich JUNGE FRAU!!!
Dieses unverschämte Luder ist voll die asoziale Alte! Oder vielmehr voll die asoziale Junge! Wie kann man sich in ihrem Alter auch so kleiden wie ich! Eva hat völlig recht in ihrem Urteil über die Pädagogin.

»Tempus fugit«, raune ich der Lehrerin geheimnisvoll zu, ehe ich verschwinde und mir ihr Gesicht zwanzig Jahre später vorstelle ...

Dich kann man nicht mehr renovieren!

Freudestrahlend erzählt mir meine Freundin Claudia von ihrem wunderbaren, süßen Enkelkind. Das Mädchen sei eine reine Freude, und da ihr Sohn und die Schwiegertochter gerade das Haus renovierten und wenig Zeit hätten, sei die süße Emma nun ganz oft bei ihr. Die Emma, dessen ist sich Claudia sicher, sei bestimmt eines dieser hochbegabten Kinder. Was der alles einfiele, was die für Sprüche draufhabe, wie originell und klug die Dreijährige doch sei! Ganz unbescheiden, so Claudia, sei davon auszugehen, dass sie all diese Eigenschaften doch hauptsächlich von ihr geerbt hätte, das könne kein Zufall sein. Was sagte die kleine Emma doch neulich zu ihr? »Oma, dich kann man nicht mehr renovieren!« Ach Gott, wie süß die Emma doch ist!

Seither nehme ich mir ganz fest vor, nie im Leben Oma zu werden.

Das Geschenk

Um meinen fünfzigsten Geburtstag herum erhalte ich von einem Unbekannten eines der größten Geschenke meines Lebens. Zunächst erkenne ich es gar nicht als Geschenk, es war plötzlich einfach da, wie 37 Jahre zuvor die Pubertätspickel im Gesicht, deren erstes Auftreten niemand, den ich kenne, so genau zurückdatieren kann. Im Gegensatz zu den plötzlich auftretenden Hautunreinheiten von damals wünsche ich mir jedoch, dass mir das Geschenk bleibt, sei es nun vom lieben Gott, der Natur oder einem unbekannten Mister X.
Das Geschenk bereitet mir fröhlichere Tage, entspanntere Nächte und einen mir artfremden, ja fast optimistischen Blick auf die Welt. Wenn mir mein Chef missmutig kurz vor Feierabend noch einen Bericht aufs Auge drückt, ärgere ich mich zwar immer noch, aber nicht mehr »generell« über meine untergeordnete Position in der Firma. Wenn mein Mann wieder einmal behauptet, er hätte doch gerade eben das Bad putzen wollen und ich sei ihm jetzt um Sekunden zuvorgekommen, ärgere ich mich auch immer noch, aber nicht mehr über die bis heute nicht erreichte Gleichberechtigung. Und wenn mein Spiegelbild mir schon wieder eine neue Falte zeigt, ärgere ich mich zwar auch noch ungemein, aber nicht mehr über die doppelte Gemeinheit des weiblichen Alterns.
Was ist da passiert, mit mir passiert? Mir kommt es vor, als hätte jemand mit Kurt Tucholsky eine Weiche in meinem Kopf umgestellt: »Das Ärgerliche am Ärger ist, dass

man sich schadet, ohne anderen zu nützen.« Wenn mein Chef mir missmutig den Bericht aufdrängt, denke ich an seine komplizierte Scheidung. Wenn mein Mann sich wieder vor der Hausarbeit drückt, denke ich an seine sonstigen Vorzüge. Und wenn ich die neue Falte im Gesicht sehe, sage ich mir, dass ich immer noch schön bin. Nicht auf Anhieb, aber doch sehr bald nach dem Ärger.
Habe ich einfach Ideologien abgelegt? Oder beziehe ich einfach nicht mehr alles auf mich und sehe die anderen Menschen mit ihren Hintergründen? Oder habe ich einfach die Gelassenheit bekommen, Dinge so hinzunehmen, wie sie sind? Und hieße das dann nicht »Altersweisheit«? Um Gottes willen, nein! Denn worüber ich mich heute auch noch maßlos ärgern kann, ist der Begriff »Altersweisheit«! Falls es so etwas wirklich gibt, nenne ich es einfach Geschenk, Ü-50-Geschenk.

Late but date

Wenn mir früher mal jemand gesagt hätte, dass ich mit fünfzig wieder anfangen muss, auf die Piste zu gehen (nicht die Skipiste), dann hätte ich ihn für vollkommen verrückt erklärt. Mit fünfzig wollte ich gesettelt sein, mit zwei wohlgeratenen Kindern, einem netten Mann, der mich nur ab und an betrügt, und vielleicht wollte ich sogar mit dem Golfspielen anfangen, damit ich einen Sport habe, wenn Mountainbiken, Bungeespringen und Wakeboarden nicht mehr so gut gehen beziehungsweise lächerlich aussehen. Mit achtzehn war das im Groben mein Plan – damals, als die fünfzig noch Lichtjahre entfernt waren.

Wie man sieht, war dieser Plan sehr bürgerlich, nicht weiter aufregend und im Grunde genommen auch nicht sehr anspruchsvoll, wenn man sich die beiden wohlgeratenen Kinder mal wegdenkt. Rebellisch war ich in meiner Jugend genug, da sollte später dann doch was Gesetteltes nachkommen. Wobei ich mich gerade frage, wie rebellisch ist man, wenn man als Jugendliche vom Golfspielen mit fünfzig träumt?

Aber egal, jetzt bin ich fünfzig, und alles ist sowieso ganz anders. Geschieden, ein Kind, alleinerziehend, aber Golfspielen würde ich immer noch gerne lernen, wenn ich denn die Zeit dazu hätte.

Habe ich aber nicht. Denn ich bin wieder auf der Piste. Und – wie schon erwähnt – es ist leider nicht die Skipiste.

Ich bin wieder aktiv im Dating-Zirkus. Oder zumindest versuche ich es. So wie mit fünfzehn, mit zwanzig, mit dreißig.
Nur leider völlig anders.
Denn nun habe ich eine Menge Verantwortung – und viel zu wenig Zeit. Allein die Vorstellung, mir meine kostbaren Nächte des Durchschlafens für die Suche nach einem Mann um die Ohren zu schlagen, lässt mich direkt ins Wachkoma fallen. Kein Wunder, nach Jahren des Schlafentzugs mit einem Kleinkind. Dabei gab es Zeiten in meinem Leben, da bin ich abends frühestens ab 22 Uhr aus dem Haus gegangen, um in den nächsten Club oder zur nächsten Party zu ziehen. Irgendwann, bei Sonnenaufgang, bin ich dann – mit oder ohne Mann – nach Hause gekommen. Arbeiten am nächsten Morgen war überhaupt kein Problem. Augenringe auch nicht. Die hat man mit zwanzig nicht, egal was man in der Nacht davor angestellt hat.
Aber ab 40 plus sind Augenringe nun mal häufiger als Eheringe. Wenn ich jetzt um 22 Uhr aus dem Haus müsste, um mich in irgendeine Bar zu stellen, würde ich sofort am Tresen durch lautes Schnarchen auffallen. Es reicht ja schon, dass ich die Lesebrille rausholen muss, um die Karte zu entziffern. Das ist alles nicht sehr sexy. Außerdem wäre ich höchstwahrscheinlich die einzige Ü-50-Frau unter lauter Zwanzig- und Dreißigjährigen und würde ständig gefragt, ob ich meine Tochter abholen wolle.
Das ist also nicht wirklich praktikabel. Und von einer Ü-50-Party habe ich noch nichts gehört. Erschwerend kommt natürlich hinzu, dass es kaum freilaufende Männer in meinem Alter gibt. Die meisten, die ich kenne,

sind verheiratet, mit zwei wohlgeratenen Kindern, betrügen nur ab und zu ihre Frau und haben das Golfspielen angefangen.

Wie immer, wenn ich vor schwierigen Problemen in meinem Leben stehe, bitte ich meine Freundinnen um Rat. Meine Single-Freundinnen natürlich. Gott sei Dank bin ich ja nicht die einzige Frau in dieser Situation. Ungefähr jede zweite Ehe in einer Großstadt wird geschieden – an frisch getrennten Freundinnen besteht ab 40 plus also kein Mangel.
An einem feuchtfröhlichen Abend erörtern wir ausführlich die neuen Dating-Möglichkeiten unserer Generation.
Anna ist seit neuestem im Internet unterwegs. Jede Menge Partnerportale. Jede Menge Männer. Alle auf der Suche nach einer Frau. Da muss doch auch einer für sie dabei sein, meint Anna. Die Bekannte einer Bekannten habe sogar innerhalb eines halben Jahres ihre Online-Bekanntschaft geheiratet. Und das Tolle am Internet-Kennenlernen ist ja: Man muss sich nicht mehr die Nächte um die Ohren schlagen, sondern kann ganz wunderbar, völlig ungeschminkt, vom heimischen Bett aus flirten. Wenn das nichts ist für uns ältere Semester!
Das Erste, das Anna bei diesem ganzen Onlinedating auffiel, war, dass das Ganze Geld kostet. Und zwar nicht zu knapp. Anna war etwas schockiert. Liebe und Geld? Sind das nicht zwei Dinge, die sich widersprechen? Aber was soll's, dachte sich Anna, schließlich waren ihre Kneipenabende in jungen Jahren auch nicht gerade billig. Wenn man die Männerkontakt-Kneipenkosten-Quote der Männerkontakt-Onlinedating-Portalkosten-Quote

gegenüberstelle, sei das Internet sogar geradezu ein Schnäppchen. So fünfzig Cent pro Mann. Das hat frau in einer Bar ja nicht unbedingt.

Das Zweite, das Anna beim Onlinedating auffiel, war die unglaubliche Chuzpe mancher Männer, die sich trotz Bierbauch und Halbglatze in ihrem Profil als »superattraktiv« bezeichneten.

Und das Dritte, das Anna irgendwann auffiel, war die seltsame Rechtschreibung eines gewissen Michael. Michaels Nachrichten wimmelten von Montag bis Donnerstag nur so vor Rechtschreibfehlern, waren hölzern und unbeholfen. Freitags bis sonntags waren die Fehler plötzlich verschwunden und die Mails so poetisch und anschmiegsam, dass Anna vor ihrem iPad geradezu dahinschmolz. Leider war ein Treffen mit Michael nicht so einfach möglich. Er Hamburg. Sie München. Er viel unterwegs. Sie auch nicht immer flexibel. Ein paar geplante Treffen platzten. Und dann befand sich Michael plötzlich in einer – wie er Anna in einer dringenden Mail erklärte – beruflich äußerst misslichen Lage. Er bräuchte dringend 5000 Euro. Vielleicht könne Anna helfen? Nur wenn es ihr nichts ausmache. Und nur geliehen. Anna wollte die 5000 Euro schon überweisen, als Nele auf die ganze Sache aufmerksam wurde und ihr dringend dazu riet, lieber 1000 Euro in einen Privatdetektiv zu investieren. Wie sich dabei herausstellte, war Michael tatsächlich eine gespaltene Persönlichkeit. Er bestand in Wirklichkeit aus zwei ukrainischen Hausfrauen (Natascha für Montag bis Donnerstag, Anastasia für Freitag bis Sonntag), die sich ihr mageres Haushaltsgeld aufbesserten, indem sie für einen kleinen, halbseidenen kriminellen Ring arbeiteten, der darauf spezialisiert war, deutschen Frauen ab 50 plus schöne Mails zu schreiben, um sie abzuzocken.

Anna hat daraufhin ihr iPad aus dem Fenster geworfen und ihre Mailadresse geändert. Sie will es jetzt doch wieder auf die klassische Tour versuchen. Vielleicht mit einem VHS-Kurs im Kotflügelschweißen. Beim Boshi-Mützen-Häkeln wird die Anzahl der Männer doch eher begrenzt sein.

Jana, eine andere Bekannte von mir, hat das Problem des Datings mit 50 plus ganz anders gelöst. Janas Mann hat sie verlassen, als die Drillinge in die Pubertät kamen. Er wollte sich noch einmal selbst finden und hatte fortan einen neuen Job als Surflehrer auf den Philippinen. Jana fand das nicht so lustig. Bis ihre drei Jungs aus dem Haus waren, hatte Jana gar keine Zeit für Datings – und keinen Nerv für einen weiteren Mann in ihren vier Wänden. Als die Jungs dann ausgeflogen waren, stellte Jana fest, dass es nicht mehr ganz so schlanke Ü-40-Frauen auf dem Datingmarkt nicht gerade leicht haben. Jana ist nach der Erziehung von drei Jungs mehr als pragmatisch und buchte sich einfach einen dreiwöchigen Urlaub auf Jamaika. Dort wurde sie von einer Menge junger Rasta-Männer umschwärmt, fing wieder an, Dope zu rauchen, und stellte fest, dass bezahlter Sex auch Sex ist. Seit diesem ersten Trip lebt Jana die Hälfte des Jahres in Jamaika und wird wohl im Winter einen ihrer Toyboys heiraten. Das nenne ich doch mal Gleichberechtigung. Es gibt jetzt nicht nur Sugar Daddys, sondern auch Sugar Mamas.

Tja. Es gibt für uns Frauen ab vierzig also durchaus neue Datingwege, von denen unsere Mütter nicht zu träumen gewagt hätten. Aber die ließen sich ja auch nicht scheiden, sondern bissen fest die Zähne zusammen und blieben bei ihrem Mann. Aber da das heute nicht mehr so ist, tut man als Ü-40-Frau gut daran, beim Daten immer up to date zu sein.

Gestern Abend war ich übrigens mit einer Freundin aus (nur bis 22 Uhr selbstverständlich – die Augenringe, Sie verstehen?). Da hat mir dieser eine nette Typ mit den blauen Augen doch tatsächlich schnell seine Nummer zugesteckt, bevor meine Freundin und ich, leicht angeheitert, aus dem Lokal wankten.
Also ganz offline, ohne dass ich nach Jamaika fliegen muss und ganz so wie früher.
Ich glaube, ich rufe den jetzt einfach mal an. Gegen etwas altmodisches Dating für ältere Damen ist schließlich nichts einzuwenden.

Strichmännchenfrau

Erich Kästner schreibt in dem Gedicht »Sachliche Romanze«:

*»Als sie einander acht Jahre kannten
(und man darf sagen: sie kannten sich gut),
kam ihre Liebe plötzlich abhanden.
Wie andern Leuten ein Stock oder Hut.«*

Fassungslos las ich als Siebzehnjährige diese Zeilen. Es war unvorstellbar, dass eine Liebe ohne Drama und mindestens einer Woche Ausheulen bei meiner besten Freundin Anna enden könne. Also fast noch unvorstellbarer, als selbst eines Tages einmal die große Liebe zu finden. Denn welcher Kerl wollte schon mich, mit meinem Lichtjahre zu großen Po? Hieß bei anderen das Jugenddrama »zu große Nase«, »zu kleiner Busen«, »zu dicke Oberschenkel«, »zu glatte Haare« – so hieß es bei mir: »fetter Arsch«. Und der fette Arsch feierte regelmäßig seine Siege über mein Selbstbewusstsein, bevorzugt auf Stehpartys, in Bademodenumkleidekabinen und in den Ferien am Strand. Ich begann, den Winter und dicke Mäntel zu lieben, die Türkinnen in meinem Viertel zu beneiden und Diäten zu hassen, denn sie schlugen überall an, nur nicht an einem Körperteil – Sie wissen schon, welchem! Was für eine Ungerechtigkeit auf der Welt! Und meine beste Freundin Anna musste weder Diät halten noch Sport machen – sie sah immer perfekt aus!

Eines Tages, Mitte zwanzig, fand ich meine große Liebe – so zufällig wie andere Leute sie offenbar verlieren können. Schmetterlinge im Bauch, verpasste Vorlesungen und eine bis dahin unbekannte Form der Gedächtnisstörung, die sogenannte Hintern-Amnesie. Mein Hirn dachte an alles Mögliche, an die Nacht zuvor, ans Zusammenziehen, an seinen Geruch und die Zukunft. Aber nicht mehr an eins: mein Gesäß.
Die Frage »Wie sehe ich bloß aus?« bezog sich gemäß der Wahrscheinlichkeitsrechnung weiblicher Gehirne, fortan genauso häufig oder selten auf meinen Po wie auf meine Haut, meine Haare oder andere Körperteile. Meine Liebe und ich lernten nach dem Studium einen Beruf, zogen zusammen und bekamen Kinder. Und nach einem heftigen Sturz vom Fahrrad mit Ende dreißig freute ich mich sogar einmal über die Fülle meines Hinterns, weil sie mein Steißbein gut abgefedert hatte. Es tat zwar höllisch weh, aber es war nicht gebrochen, wie dies bei magereren Exemplaren vom Fahrrad stürzender Frauen öfter der Fall war.

Meine beste Freundin Anna verlor irgendwann ihre Liebe wie andere Leute Stock oder Hut. Völlig undramatisch erklärte sie schulterzuckend: »Ist alles nicht so schlimm. Wir haben uns einfach auseinandergelebt. Besser so.«
»Wie andere Leute Stock oder Hut« verlor ich nach und nach so alles Mögliche: einen Hausschlüssel, meine Lieblingslederjacke, Idealismus, Unmengen an Kugelschrei-

bern und den Impuls zum Drama. »Alles nicht so schlimm«, dachte ich immer öfter. Meinen Mann Alex verlor ich, aus mir bis heute unbekannten Gründen, komischerweise nicht – wir sind nun seit 25 Jahren ein Paar. Die Liebe kam uns nicht abhanden.

Aber neulich habe ich etwas verloren wie andere Leute Stock oder Hut: meinen Po. Weg. Einfach weg. Ich starre in den Spiegel, ungläubig. Weg, einfach weg, die Rundung. Irgendjemand hat aus dem Fragezeichen meines Körpers einfach ein Ausrufezeichen gemacht! Ich kreische auf, renne hysterisch zu einem anderen Spiegel, aber auch dort ist der Po nicht zu sehen! Weg, einfach weg! Ich werde den Dieb eigenhändig erwürgen! Ich rase zu Anna und heule und heule. Anna nimmt mich in die Arme und tröstet mich. Mir sei wenigstens bloß der Po abhandengekommen, ihr dagegen der Mann. Aber wie lange will mein Mann noch eine Strichmännchenfrau? Und einen neuen Kerl finden vielleicht Fragezeichen, aber keine Ausrufezeichen!
Das Drama nimmt seinen Lauf. Ich meide Spiegel, Badmodenumkleidekabinen und schlage der Familie vor, den nächsten Urlaub nicht am südlichen Strand, sondern in Skandinavien zu verbringen. Ich habe Konzentrationsschwierigkeiten im Job und schlafe schlecht. Eines Nachts wache ich mit einem Schrei auf: »Er ist weg!«, rufe ich laut.
»Wer ist weg?«, fragt mein Mann schlaftrunken, richtet sich auf und knipst das Licht an.
Ich stottere, will mich herausreden, aber schließlich deute ich heulend auf meinen Hintern.
»Ach so, dein Po. Hab ich schon vor einer Weile be-

merkt!«, sagt der Mann neben mir. Am liebsten würde ich sofort in Ohnmacht fallen. Muss der Kerl aber auch alles mitkriegen?
Der Kerl unterdrückt mühsam ein Grinsen.
»Jetzt sind wir so alt, da kann man das doch gelassener sehen?«, sagt er.
»Wie bitte?«, denke ich. Was ist das eigentlich für ein unsensibler Trampel! Hat der eine Ahnung, was das für eine Frau bedeutet?
»Schau mal, Schatz!«, sagt er, legt den Arm um mich und deutet auf seinen Bauch, der sich – wie ich bemerkte – seit einiger Zeit deutlich wölbt: »Was du jetzt hinten zu wenig hast, hab ich vorne zu viel. Ist das nicht wahre Liebe, die sich über zwei Körper verteilt?«
Ich küsse ihn. Auf diesen Kerl sollte ich wirklich aufpassen, dass er mir nicht abhandenkommt wie anderen Leuten Stock oder Hut.
Und wenn sie nicht gestorben sind …

Ein schrecklich alter Mann

Im September 2014 ging der 55-jährige Brauer Oliver W. in Frührente. Im Februar 2015 war er tot. Die 53-jährige Elke W. hatte ihren Mann vergiftet, die Totenstarre abgewartet und danach die Polizei gerufen. Den eintreffenden Beamten erklärte Elke W. sachlich, sie hätte ihren Mann umgebracht, weil er »so ein schrecklich alter Mann«, gewesen sei. Bei vollem Bewusstsein hätte sie die Tat begangen, lieber wolle sie ihr restliches Leben im Gefängnis verbringen als neben einem Zombie.

Uns interessierte das Mordmotiv »schrecklich alter Mann« und wir bekamen Einblick in die Polizeiakten. Hier Auszüge aus dem Protokoll:

Kommissar:
Warum haben Sie Ihren Mann getötet?

Elke W.:
Das hab ich doch schon gesagt: Weil er so ein furchtbar alter Mann war!

Kommissar:
Sie sind nur zwei Jahre jünger als Ihr Mann.

Elke W.:
Schon, ja, aber …

Kommissar:
Es gibt Ehepaare, die feiern zusammen goldene Hochzeit!

Elke W.:
Schon, ja, aber ...

Kommissar:
... aber?

Elke W.:
Dann ist der Mann nicht so furchtbar alt!

Kommissar:
Wie meinen Sie das, »alt«? Ich glaube, wir verstehen etwas Verschiedenes darunter.

Elke W.:
Alt halt. Was ist daran so schwer zu verstehen? Ich meine nicht äußerlich. Das bin ich auch, das sehen Sie ja. Aber innerlich.

Kommissar:
Innerlich? Wie? Konnten Sie in ihn hineinsehen, oder wie kann ich mir das vorstellen?

Elke W.:
Er hat immer darauf bestanden, dass alles so bleibt, wie es schon immer war. Also ich habe die Dosen, in denen wir Lebensmittel im Regal in der Küche aufbewahren, umgestellt. Da sind Grieß? und Zucker und Mehl und Kaffee und so was drin. Und ich habe die Zuckerdose

zwischen den Tee und den Kaffee gestellt, damit ich sie nicht verwechsle mit dem Mehl, weil die Dosen durchsichtig sind. Und darüber hat er sich einen ganzen Tag lang aufgeregt.

Kommissar:
Aber das ist doch kein Mordmotiv!

Elke W.:
Nein, natürlich nicht, ich hab doch bloß ein Beispiel gesucht, weil Sie gefragt haben, wie man sich einen alten Mann vorstellt.

Kommissar:
Und seit dieser Umstellung war Ihr Mann in Ihren Augen alt?

Elke W.:
Nein, die Umstellung war doch bloß ein Beispiel, verstehen Sie denn nicht? Es hat alles mit dieser Frührente angefangen.

Kommissar:
Vor einem halben Jahr war das?

Elke W.:
Ja. Da war er plötzlich den lieben langen Tag daheim. Und hat sich plötzlich um Dinge gekümmert, die ihn vorher nicht die Bohne interessiert haben.

Kommissar:
Um Vorratsgläser?

Elke W.:
Und um die Wäsche und um den Einkauf und überhaupt den Haushalt.

Kommissar:
Andere Frauen würden sich freuen, wenn die Männer mehr im Haushalt machen würden.

Elke W.:
Er hat ja nichts gemacht, sich aber in alles eingemischt! Wenn ich Trauben eingekauft habe, wollte er wissen, woher die kommen und wie viel ein Kilo gekostet hat. Als ob ich da immer drauf achtgeben könnte! Nach Büroschluss habe ich mich abgehetzt mit dem Einkauf, denn gekocht habe ja auch immer noch ich. Und er ist dann immer in der Tür gestanden und hat genau geschaut, ob ich mich nicht verspäte.

Kommissar:
Also, Sie haben noch gearbeitet, und Ihr Mann war daheim und ...

Elke W.:
... und hat den ganzen Tag nur auf dem Sofa rumgesessen und noch nicht mal sein Frühstücksgeschirr aufgeräumt. Und ich hab dann nach Büroschluss den ganzen Dreck gehabt – und ihn dazu. Da ist er auch beim Kochen plötzlich immer neben mir gestanden und hat gemeckert, ob ich nicht zu viel Energie verbrauche, weil ich den Herd vielleicht eine Stufe zu hoch gestellt habe, damit das Wasser sprudelt.

Kommissar:
Und warum hat er dann nicht gleich selbst gekocht?

Elke W.:
Das konnte er doch nicht! Außer Rühreier oder so. Bevor wir damals zusammengezogen sind, vor dreißig Jahren, da hat er alles gemacht, kochen, Wäsche und was halt so anfällt. Aber kaum waren wir in einer Wohnung, hat er gar nichts mehr gemacht und immer gesagt, dass er so einen anstrengenden Beruf habe und daheim Erholung brauche. Da hab ich das dann einfach übernommen.

Kommissar:
Aber mit der Frührente hätte er dann doch Zeit gehabt.

Elke W.:
Ja, eben! Aber das wär mir auch noch egal gewesen, wenn er sich bloß wie früher einfach vor den Fernseher gesetzt und sich nicht ständig in alles eingemischt hätte. Alles hab ich in seinen Augen falsch gemacht!

Kommissar:
Und als Mittel dagegen haben Sie nur Mord gesehen?

Elke W.:
Zuerst natürlich nicht, für wen halten Sie mich denn? Ich hab gesagt, er soll sich ein Hobby suchen oder mithelfen. Aber so geht's nicht mehr weiter.

Kommissar:
Und wie hat er darauf reagiert?

Elke W.:
Er ist dann ein paarmal ausgegangen, mit seinen Kollegen, hat er gesagt. Und ich war so erleichtert! Ich konnte dann endlich mal ein paar Stunden für mich haben und auch mal machen, was ich wollte, mit meiner Freundin telefonieren oder so.

Kommissar:
Und warum ging er dann nicht weiter mit seinen Kollegen aus?

Elke W.:
Er war ja gar nicht mit seinen Kollegen aus, das hat er bloß behauptet.

Kommissar:
Sondern?

Elke W.:
Da war er bei einer Nutte.

Kommissar:
Ah! Jetzt verstehe ich! Er hat Sie mit dieser Prostituierten betrogen, das ist natürlich ein Mordmotiv.

Elke W.:
Gar nichts verstehen Sie! Ich wäre doch froh gewesen, wenn er weiter dahin gegangen wäre. Dann hätte er wenigstens ein Hobby gehabt und mich in Ruhe gelassen. Das war sogar doppelt praktisch, weil er mich da auch sexuell in Ruhe gelassen hat. Ich mochte ja nicht mehr so oft.

Kommissar:
Sie waren gar nicht eifersüchtig? Wie kamen Sie ihm überhaupt auf die Schliche?

Elke W.:
Ich kam ihm gar nicht auf die Schliche. Er hat es mir gesagt. Hat gemeint, jetzt ginge er nicht mehr zu der Nutte, meine Idee mit dem Hobby sei ganz schlecht gewesen. Und da hab ich nicht mehr gewusst, was ich sagen soll. Ich mein, ich kann doch schlecht sagen: Mir wäre es aber lieber, du würdest weiter zu der Nutte gehen.

Kommissar:
Und warum haben Sie sich dann nicht getrennt oder sind ausgezogen?

Elke W.:
Weil es dann nach dieser Geschichte mit der Nutte richtig schlimm geworden ist. Da hat er nicht mehr bloß ständig am Haushalt rumgemeckert, sondern auch an mir. Wie alt ich ausschauen würde. Was für einen Hängebusen ich hätte. Wo mein Hintern geblieben wäre. Und wo ich schon wieder einen Altersflecken bekommen habe.

Kommissar:
Aber das wär dann doch erst recht ein Grund gewesen, sich scheiden zu lassen!

Elke W.:
Schon, ja. Aber daran hab ich nicht mehr gedacht, sondern bloß noch daran, dass er ein schrecklich alter Mann

ist, auch innerlich und nicht bloß äußerlich. An mir hat er herumgemeckert, und selbst hatte er plötzlich einen Bierbauch, ein Doppelkinn und Haare in den Ohren. Und da habe ich mir immer vorgesagt, natürlich nicht laut: »Pass mal auf, Oliver, dich überlebe ich noch um Jahrzehnte!«

Kommissar:
Das ist ja nun auch eingetroffen ...

Elke W.:
Ja, aber so war es nicht geplant. Ich wollte einfach weitermachen und gewinnen gegen ihn.

Kommissar:
Und wie kam es dann doch anders?

Elke W.:
Das war ... sozusagen eine spontane Entscheidung. Beim Abendessen – ich hatte sein Lieblingsessen Dampfnudeln gemacht – sagte er zu mir, dass ich eine alte Schachtel sei, einfach nicht mehr schön anzusehen. Dann haben wir ferngesehen, und da war eine ältere Schauspielerin, und da hat er es wieder gesagt: »Das ist auch so eine alte Schachtel, einfach nicht mehr schön anzusehen.« Und wie ich mich im Dunkeln ausziehe, um ins Bett zu gehen, macht er einfach das große Licht im Schlafzimmer an und sagt, ich soll doch mal in den Spiegel schauen, dann bräucht ich nicht mehr so beleidigt sein, dann würd ich den Beweis dafür sehen, dass ich eine alte Schachtel wär. Und da bin ich dann ins Bett gegangen und hab die ganze Zeit überlegt, wie ich ihm das heimzahle.

Kommissar:
Da kamen Sie auf die Idee, ihn zu töten?

Elke W.:
Ja. Er lag da in seinem Bett und schnarchte fürchterlich. Und ich hab mir vorgestellt, wie oft er zu mir noch »alte Schachtel« sagen wird. Denn das ist ja wie bei prügelnden Ehemännern, wenn sich die Frau das einmal gefallen lässt, dann macht es der Mann immer wieder, und alles wird nur noch schlimmer. Und da bin ich auf die Idee mit dem Rattengift gekommen. Und ich hab ihm sogar noch eine Chance gegeben.

Kommissar:
Welche Chance?

Elke W.:
Ich hab das Gift in sein Frühstücksmüsli gemixt. Dann bin ich ins Büro. Wenn er seine Schale bloß in die Spülmaschine geräumt hätte, dann hätte er den Warnhinweis gesehen. Da hab ich nämlich einen Zettel hineingelegt, auf dem stand, dass er sofort einen Arzt rufen soll, weil in seinem Essen Rattengift war. Aber nein. Er hat die Schale ja nicht einmal vom Tisch abgeräumt. So sind schrecklich alte Männer.

Der ultimative Alterstest

Beantworten Sie nach tiefer innerer Erforschung folgende Fragen wahrheitsgemäß. Vergeben Sie Punkte auf der Skala null bis hundert. »Null« trifft dabei null zu, »hundert« trifft zu hundert Prozent zu.

1.
Ich will so jung bleiben, wie ich bin.

2.
Alt sind immer nur die anderen.

3.
Ich fühle mich immer noch wie eine Dreißigjährige.

4.
Jung ist kein Adjektiv, sondern ein Psychoanalytiker.

5.
Alt ist eine Stimmlage und kein Lebensgefühl.

6.
Ich wäre gerne siebzehn mit dem Erfahrungsschatz von heute.

7.
Nach einer durchgemachten Nacht brauche ich eine Woche Erholung.

8.
Den nächsten Bauarbeiter, der mir hinterherpfeift, lege ich flach.

9.
Meine Freunde reden plötzlich so oft über Krankheiten.

10.
Mit »Wechseljahren« ist nicht die Klimaerwärmung gemeint.

Auswertung:

Rechnen Sie ohne Hilfsmittel wie einen Taschenrechner Ihre Punkte zusammen. Wenn Sie wegen der Rechnerei keine Lust mehr auf die Auswertung haben, sind Sie entweder blutjung oder steinalt.

Null Punkte: Sie haben wegen der Rechnerei im Nachhinein alle Ergebnisse auf null abgerundet und sollten dringend an Ihrem Selbstwertgefühl arbeiten, zu Ihrem wahren Alter stehen und endlich erwachsen werden.

Ungerade Ergebnisse zwischen null und tausend: Sie zeugen von einer verbissenen Wahrheitssuche und mangelnder Reife.

Tausend Punkte: Gratulation! Sie haben wegen der Rechnerei alle Ergebnisse auf hundert Prozent aufgerundet. Sie sind im besten Alter, weil Sie ganz pragmatisch Ihre Neugier befriedigen.

Lila Latzhosen

Als ich so um die sechzehn war, trug ich als eine der Ersten in meiner Schule lila Latzhosen. Diese Dinger waren selbstgefärbt – eigentlich waren es ganz normale weiße Malerhosen aus einem Geschäft für Berufsbekleidung, die wir Mädels dann in einen Eimer lila Farbe tunkten. Diese Hosen waren mehr als nur Hosen. Diese Hosen waren ein Statement: Wir waren jung, feministisch, politisch, wild, anders. Wir waren eben sechzehn und mussten dringend unsere Eltern ärgern. Und lila Latzhosen mit der damit verbundenen Attitüde waren hervorragend dazu geeignet.
Meine Mutter fand die Dinger grauenvoll, und heute muss ich sagen: Sie hatte absolut recht. Diese Hosen zauberten einfach jedem Mädchen den Hintern eines Brauereipferdes. Aber mir war das egal. Ich wollte anders sein. Und politisch sein. Und feministisch sein. Auch wenn ich im Grunde genommen weder von Politik noch von Feminismus wirklich Ahnung hatte. Aber das hatte um mich herum fast niemand. Mit sechzehn erfinden eben trotzdem alle die Revolution und die Liebe neu.
Ich war auf Friedensdemos, unterschrieb diverse Flugblätter, hatte – völlig übertrieben – Angst, dass der Verfassungsschutz mich observierte, war gegen die Volkszählung und für die Freigabe von Drogen. Als ich das erste Mal wählen durfte, mit achtzehn, kamen die Grünen das erste Mal in den Bundestag. Meine Generation hatte die Partei mitbegründet, und wir alle hatten sie da-

hin gebracht. Ach, pure Nostalgie, im Nachhinein erscheint alles in einem rosigen Licht.
Verklärt. Besonders. Schön.

Wenn ich an damals zurückdenke, kommt wieder das Lebensgefühl in mir hoch, das ich wahrscheinlich mit einem Großteil meiner Generation teile: Ich bin mit dem Gefühl groß geworden, dass uns Frauen die Welt gehört. Dass alles möglich ist. Dass wir alles haben können. Und das gleichzeitig. Vielleicht waren wir die erste Frauengeneration überhaupt, die das jemals geglaubt hat. Oder die – wenigstens für kurze Zeit – das Gefühl grenzenloser Möglichkeiten hatte.
Wie naiv, wie sorglos, wie überschäumend, muss ich im Nachhinein sagen. Und wie schön, dass das so war. Auch wenn sich das Leben für die meisten von uns dann doch ganz anders entwickelte als gedacht.

Wir Kinder des Babybooms wurden in den vollen Wohlstand hineingeboren. Der Krieg war schon lange vorbei – zumindest für uns. Die Zukunft lag vor uns, und die Hippies hatten schon von Love and Peace gesungen. Wir waren die erste Generation, die nicht nur anders sein wollte als ihre Mütter, sondern die, dank der Bildungsoffensive, auch anders sein konnte als ihre Mütter. Ein Studium war dank BAföG allen möglich, die wollten und konnten. Und wir, wir schwammen mit auf der Welle.
Ich fing an zu studieren. Etwas ziemlich Bescheuertes – aber das war damals egal. Hauptsache, Studium, Hauptsache, in eine neue Stadt, und Hauptsache, jede Menge Spaß dabei.
Dann war ich tatsächlich irgendwann fertig mit meinem

Studium – sogar in der Regelstudienzeit, was damals eher unüblich war. Zwanzig Semester an der Uni waren damals keine Seltenheit.

Und dann brauchte ich einen Job, den ersten richtigen, nicht nur so nebenher Geld verdienen. Doch nach Jahren des Aufschwungs gab es eine deutliche Rezession in der deutschen Wirtschaft. Um Arbeitsplätze war es schlecht bestellt, und ich schrieb ungefähr hundert Bewerbungen, um endlich eine Festanstellung zu bekommen. Ein erster Ruck ging durch mein lässig-sorgloses Lebensgefühl.

Später im Berufsleben sah ich, wie immer mehr Männer mit schlechterer Ausbildung und weniger Wissen als ich problemlos an mir vorbeizogen. Und irgendwann hatte ich Vorstellungsgespräche, in denen ich tatsächlich gefragt wurde, ob ich schwanger sei oder vorhätte, es demnächst zu werden. Die lila Latzhose bekam immer mehr Flecken.

Und irgendwann, ziemlich spät, wurde ich wirklich schwanger, und Sophie kam auf die Welt. Ich war überglücklich und arbeitete selbstverständlich weniger als Sophies Vater. Der verdiente ja schließlich mehr Geld als ich, also war es gar keine große Diskussion, wer mehr Windeln wechselte.

Tja. Und damit landete ich in der Teilzeit-Familien-Kinder-Falle, wie so viele meiner Generation. Anfangs war ich überglücklich, Kind und Job zu haben, beides irgendwie unter einen Hut zu bekommen. Dass die vermeintliche Emanzipation unserer Generation jedoch genau in dem Moment aufhörte, in dem man mit Kind und Mann aus dem Kreißsaal spazierte, wurde mir erst viel später bewusst.

Im Frühjahr 2013 fand der Sozialwissenschaftler Carsten

Wippermann heraus, dass nur 7,2 Prozent der Männer unserer Generation konsequent gleichgestellt leben. Nun ja, die lila Latzhosen hätten mir nach der Schwangerschaft sowieso nicht mehr gepasst.

Mittlerweile bin ich geschieden, alleinerziehend, über fünfzig und vermisse manchmal meine lila Latzhosen und das damit verbundene Gefühl, alles im Leben erreichen zu können, wenn ich mich nur genug anstrenge. Auch wenn dieses Gefühl nicht auf der Realität beruhte, so war es wenigstens schön, es einmal gehabt zu haben. Wahrscheinlich können die heute Sechzehnjährigen von so einem Gefühl nur noch träumen.
Ich will nicht jammern. Oder vielleicht doch.
Und dann denke ich, die lila Latzhosen haben mich irgendwie verarscht. Das Gefühl, alles haben zu können, führte dazu, dass ich versucht habe, alles zu managen: das Kind, den Job, den Haushalt. Alles gleichzeitig wenn möglich und so perfekt wie möglich.
In den dunklen Nächten, wenn Sophie Brechdurchfall hatte, ich dreimal die komplette Bettwäsche wechselte und morgens um acht ein wichtiger, nicht aufschiebbarer Jobtermin auf mich wartete, überfiel mich immer öfter ein ketzerischer Gedanke: »Hatte meine Mutter nicht das bessere Leben?« Ja, sie war »nur« Hausfrau und Mutter. Aber war das nicht vielleicht doch besser, als auch noch im Job zu versuchen, seine Frau zu stehen und mit Männern oder kinderlosen Frauen zu konkurrieren, die nicht nachts dreimal Bettwäsche wechseln müssen?
Hat uns die Emanzipation verarscht? Oder hat die Emanzipation nur die Mütter unter uns vergessen? Oder ist das alles nur so, weil die Emanzipation bei den Män-

nern unserer Generation nicht stattgefunden hat? Oder ist das schlicht und ergreifend gar keine Frage der Emanzipation, sondern einfach die Vereinbarkeitslüge, die uns Frauen vorgaukelt, Kinder und Job seien ganz wunderbar unter einen Hut zu kriegen? Und wenn man das dann nicht so locker-flockig hinbekommt wie die ganzen tollen Frauen in den Hochglanzzeitschriften, hat man als Frau und Mutter persönlich versagt?
Fragen über Fragen.
Und ich habe keine wirklichen Antworten.
Ich glaube nicht, dass ich auf meinen Job verzichten möchte. Und schon gar nicht will ich auf mein Kind verzichten. Am liebsten hätte ich sowieso drei Kinder gehabt. Ich will gerne beides haben: Job und Kind. Wie übrigens die meisten Frauen, die ich kenne. Aber es ist nicht nur alles eine Frage der Organisation. Oder meiner persönlichen Energie. Manches wird immer kollidieren. Und mittlerweile bin ich der Überzeugung: Ja, man kann als Frau alles haben – aber nicht unbedingt gleichzeitig.
Wer mehr Zeit für sein Kind hat, hat weniger Zeit für seinen Job. Wer Teilzeit arbeitet, macht keine Karriere. Im Leben muss man sich eben entscheiden. Und jede Entscheidung hat Konsequenzen. Aber das ist gar nicht weiter dramatisch. Dramatisch ist nur, wenn einem als Frau etwas anderes vorgegaukelt wird und die Politik so tut, als wäre das alles im Grunde genommen ein individuelles Problem.

Vielleicht wird es doch wieder höchste Zeit, die lila Latzhosen anzuziehen und kämpferisch zu werden. Die Pershing-Raketen sind mir mittlerweile nicht mehr so wichtig, dafür ist mir die Situation der Frauen umso wichtiger.

Wir werden immer noch benachteiligt. Wir verdienen immer noch weniger als Männer. Und um es mal auf den Punkt zu bringen: »Kein einziges Land der Welt hat die Gleichstellung erreicht.« Das geht aus der jüngsten Studie des World Economic Forums zum Gender Gap hervor.
Natürlich müssten die lila Latzhosen diesmal vom Designer sein – zugeschnitten auf unsere jeweils individuelle Lebenssituation. Damit wir vielleicht mit fünfzig endlich wieder das Gefühl haben, wir könnten alles vom Leben haben.
Wenn auch nicht gleichzeitig.

Pillendreher

Zuerst kam das Jod. Dann Kalzium. Gefolgt von Folsäure, Eisen und einem pflanzlichen Mittel gegen Wechseljahrbeschwerden. »Ist alles nicht schlimm!«, lächelte der Arzt. Und das freute mich natürlich. Was sind schon so ein paar kleine Zipperlein, die sich durch einfache Präparate beheben lassen? Meine Mutter erzählt mir gerne am Telefon, wer an ihrem Wohnort gestorben ist – darunter auch einige, die jünger sind als ich. Es gibt so viele scheußliche Krankheiten. Was sind dagegen schon eine Schilddrüsenfehlfunktion, eine leichte Anämie und ein Mangel an Folsäure? Nichts! Gar nichts! Das ist Jammern auf sehr hohem Niveau.

Die Jodtabletten lagen jahrelang in der Küchenecke, ich dachte irgendwann morgens oder abends daran, sie einzunehmen.
Mit Kalzium, Eisen und Folsäure klappte die Einnahme auch noch hervorragend. Erst als das pflanzliche Mittel gegen die Wechseljahrbeschwerden dazukam, passierte es mir immer öfter, dass ich plötzlich nicht mehr wusste, ob ich die Pillen nun schon genommen hatte oder nicht. Aber es war auch ein Durcheinander zu jener Zeit, denn meine Mutter lag im Krankenhaus, und ich fuhr fast täglich hin und her.
Bald ging es meiner Mutter wieder besser, und bei der Entlassung aus dem Krankenhaus empfahlen uns die Pfleger, eine Medikamentenbox für sie zu besorgen und

die Pillen dort einzusortieren, damit sie die wichtigen Medikamente auch nicht vergesse. Ich ging in die Apotheke und ließ mir die Boxen zeigen. Es gab kleinere, die nur sieben Fächer für die sieben Tage hatten, und – so die freundliche Apothekerin – »den Mercedes unter den Pillenboxen«, mit sieben herausnehmbaren Fächern, die wiederum Unterabteilungen für morgens, mittags und abends haben. Für die Mutter kaufte ich natürlich den Mercedes, und sie kam prima damit zurecht.

Ein paar Wochen später, wieder im Alltag angekommen, fiel mir ein, dass ich eigentlich einen Mercedes light auch ganz gut brauchen könnte. Nie wieder überlegen, ob ich meine harmlosen Pillen heute schon genommen habe oder nicht. Sich mit fünf Euro ein Haufen Nachdenken ersparen. Prima Idee. Wäre nur alles so leicht zu lösen! Diese Idee – ich schwöre, ich bin noch nicht dement – vergaß ich zwar wieder, aber beim nächsten Rezept von der Frauenärztin für die pflanzlichen Pillen gegen die Wechseljahrbeschwerden denke ich wieder daran.

Ich lege der Apothekenhelferin meine Rezepte vor – Jod, Eisen und Kalzium waren auch gerade fällig –, und sie holt die Sachen wie gewohnt aus dem Vorratsschrank. Ich frage nach der Medikamentenbox. Moment. Sie sucht. Sie findet nur den Mercedes. Den halte ich nun doch für völlig überdimensioniert für meine kleinen Zipperlein. Moment. Sie hole den Chef. Der sei neu und habe eine ganz neue Ordnung eingeführt, sie finde die kleineren Boxen einfach nicht. Ich schaue zu den sündhaft teuren Hautcremes, ehe ich eine tiefe Stimme höre: »Sind Sie die Dame mit der Medikamentenbox?«

»Ja.« Ich drehe mich um.
ER steht vor mir. Mein Alter, tiefe Stimme, durchtrainiert, nur ein paar graue Barthaare, strahlend helle Augen, Freundlichkeit in allen Poren. Ich nicke, er lächelt mich an. Ich nicke noch einmal, er lächelt noch netter. Um Gottes willen! Was für ein Typ! Herr Blomberg – so steht auf dem Namensschild – zeigt mir die Light-Version der Medikamentenbox.
»Ist gerade auch im Angebot, drei Euro.«
»Prima«, höre ich mich sagen.

Wann habe ich zuletzt einen Mann mit so einer Ausstrahlung gesehen? Und ich glaube, er findet mich auch attraktiv, nein, ich glaube nicht nur, in meinem Alter weiß frau das! In meinem Alter ... Aber was könnte mehr abtörnen als ein Pillenbox-Kauf für eine alte Dame?
»Die nehme ich«, sage ich lächelnd. Und ich füge hinzu: »Ist für meine Mutter.«
Der umwerfende Apotheker wirft lächelnd einen Blick auf meine Pillen. Er hebt die Packung mit dem pflanzlichen Mittel gegen die Wechseljahrbeschwerden ein wenig nach oben und bemerkt süffisant: »Und die sind auch für Ihre Mutter, nehme ich an?«
Zum ersten Mal in meinem Leben fällt mir eine schlagkräftige Antwort ein: »Nein, für meinen Mann!«
Der umwerfende Apotheker lacht laut auf.
»Schade, dass es den gibt!«, sagt er beim Kassieren. »Sonst hätte ich Sie zum Essen eingeladen.«

Ich bezahle, gehe zum Ausgang und spüre seine Blicke auf mir ruhen. Ich kehre um.

»Also gut. Ich habe Sie angelogen. Die Wechseljahrpillen sind für mich.«
Er grinst und versteht genau, wie ich es gemeint habe. Ich nehme die Einladung zum Essen an.

Von dem vorzüglichen Essen werde ich eines Tages noch meinen Enkelkindern erzählen ...

Weibliche Relativitätstheorie

Sie werden in Ihrem Leben keine Falten bekommen.
Das Rot Ihrer Lippen wird nicht verblassen.
Ihr Mann wird Sie nicht wegen einer Jüngeren verlassen.
Wechseljahre bleiben Ihnen erspart.
Sie müssen Ihre Haare nicht nachfärben.
Sie brauchen keine Lesebrille.
Anti-Aging bleibt Ihnen ein Fremdwort.
Sie werden in keine Altersarmut schlittern.
Straffende Gymnastik müssen andere machen.
Sie müssen nicht auf Ihre Gesundheit achten …

… denn Sie sind eine Frau, die vor fünfhundert Jahren lebte. Ihre Lebenserwartung lag damals bei rund 35 Jahren.

Das kleine Schwarze

Spätestens seit Coco Chanel oder »Frühstück bei Tiffany« wissen wir, dass jede Frau ab zwanzig ein »little black dress« in ihrem Kleiderschrank haben sollte. Ein »kleines Schwarzes«, wie es auf Deutsch heißt, oder abgekürzt auf Englisch LBD.
Die meisten Frauen, die ich kenne, haben mindestens eins davon im Schrank hängen.
Ich auch. Zurzeit besitze ich sogar drei. Ab und an habe ich mir mal ein neues gekauft. Die Mode ändert sich auch bei Klassikern, und die Superminis, die ich mit Mitte zwanzig getragen habe, gehen nicht mehr so gut.
Damals, mit zwanzig, habe ich echt nicht geglaubt, dass ich mich irgendwann mal zu alt für einen Minirock fühlen würde. Ich war früher der festen Überzeugung, dass ich immer Minis und Jeans tragen würde. Jeans trage ich immer noch, aber den Minis habe ich Adieu gesagt. Selbst mit blickdichten Strümpfen fühle ich mich in einem SBD (Superkleinen Black Dress) mittlerweile nackt, und ein Knie-Lifting ist wahrscheinlich etwas schwierig und nur für Hollywood-Schauspielerinnen bezahlbar. Überhaupt, die Knie! Das ist so ähnlich wie mit dem Hals. Vielleicht entwickele ich doch noch mal eine Anti-Falten-Creme für die Knie. (Falls es das schon gibt, wäre ich für Tipps echt dankbar.)
Mein kleines Schwarzes hat mich auf jeden Fall durch viele Nächte und Partys, viele Bars und Feiern begleitet. Mal mehr, mal weniger festlich, mal nüchtern, mal be-

trunken, mal mit Mann, mal ohne Mann ... Wenn die Kleider reden könnten, müsste ich sie wahrscheinlich erschießen.

Seit neuestem muss ich mein LBD leider zweckentfremden. Ich trage es nicht mehr nur auf Partys. Ich trage es jetzt auch auf Beerdigungen. Schwarz und mindestens knielang. Ein Klassiker passt eben immer.
War es mit 25 noch die große Ausnahme, wenn eine oder einer aus unserer Mitte plötzlich nicht mehr da war, habe ich mittlerweile das Gefühl, als würde ich in einem Kriegsgebiet leben. Und die Einschläge kommen immer näher. Ständig fällt einer aus meinem Bekannten-, Freundes- und Familienkreis tot um. Boing. Peng. Aus. Ende. Over. Das war's. Und die anderen bleiben traurig und erschüttert zurück.
Da muss ich an eine meiner Tanten denken, mittlerweile auch verstorben, die irgendwann nicht mehr leben wollte, da alle ihre Freunde schon unter der Erde waren. Man muss dazu sagen, die Tante war sehr gläubig und hat sich sehr darauf gefreut, alle später wiederzusehen. Das ist bei mir nicht ganz so einfach. Das mit dem Glauben. Aber ich würde mich echt freuen, alle wiederzusehen.
Nun ja, ich war ja bei den meisten Meilensteinen, die man so im Leben absolviert, eher eine Spätzünderin. Spät gewusst, was ich wollte, spät geheiratet, spät ein Kind bekommen. Spät dran sein muss ja nicht immer von Nachteil sein, und nicht immer wird man dafür vom Leben bestraft.
Das einzig Tröstliche für mein LBD ist, dass nach Beerdigungen sehr gerne getrunken und gegessen wird. Da fühlt sich mein LBD dann doch wieder ganz heimisch.

Wenn man die Beerdigung im Vorfeld etwas verdrängen kann, ist es auch nicht viel anders als bei einer Party, vielleicht etwas trauriger – oder gerade vielleicht deshalb auch etwas ausgelassener.
Ich kann nur sagen: Ein kleines Schwarzes gehört wirklich in jeden Kleiderschrank. Vor allem ab fünfzig.

Da fällt mir gerade ein: Was trägt man als modebewusste Frau eigentlich im Sarg?

She made my day

Erinnern Sie sich noch daran, wie Sie sich als kleines Mädchen einen Busen wünschten? Können Sie sich noch als Dreizehnjährige sehen, hinfiebernd auf den fünfzehnten Geburtstag? Und wissen Sie noch, wie Sie die sechzehn Geburtstagskerzen auf dem Kuchen ausbliesen und sich dabei wünschten, es wären endlich, endlich achtzehn Kerzen?

Spätestens ab Mitte zwanzig begann sich die Freude über eine Geburtstagskerze mehr auf dem Kuchen zunehmend in Grenzen zu halten. Ab vierzig feierten einige von uns plötzlich gar keinen Geburtstag mehr. Und jetzt, mit gut fünfzig, kommt zum »Happy Birthday« meist der obligatorische Satz: »Tja, schon wieder ein Jahr mehr!« Bang steuern wir auf die nächste Marke, die sechzig zu. Wie ein Damoklesschwert schwebt diese Zahl über uns, und keinesfalls als unbedingt und möglichst schnell zu erreichendes Ziel. Als zusätzliche Gemeinheit rasen jetzt auch noch die Tage und Monate so viel schneller dahin als früher. Mein subjektives Zeitempfinden eines heutigen Jahres gleicht in etwa den 24 Stunden vor Weihnachten in meiner Kindheit. »Die Zeit rast dahin« gehört zu den Basics unseres Empfindens, wie die Jeans zu den Basics im Kleiderschrank.
Während alle von »entschleunigen«, »runterkommen« und »chillen« reden, habe ich eine ganz andere ketzerische Idee. Ich kehre den Spieß um. Ich werde jetzt erst

recht Gas geben! Ich starte den Countdown zum sechzigsten Geburtstag. Warum zum Teufel soll ich mich nicht freuen, so alt zu werden? Warum zum Teufel warte ich nicht ungeduldig auf den neuen Lebensabschnitt, der noch ebenso viele Überraschungen bereithalten kann wie die bisherigen? Warum zum Teufel scheißen wir Fünfzigjährigen uns so in die Hosen, wenn es um das Altern geht? Wir, die erste Frauengeneration, die selbige ganz selbstverständlich tragen und uns nicht mehr bloß über den eigenen Körper definieren.

All das schießt mir an einem heißen Sommertag in den Kopf, während ich mir beim Italiener um die Ecke ein Eis hole und mich eine Millisekunde darüber freue, dass ich niemanden mehr fragen muss, ob ich ein Eis kriege, sondern es mir einfach selbst kaufen kann. (Die daraus resultierenden Körperzonenprobleme gehören zu einem anderen Kapitel.) An diesem heißen Sommertag beschließe ich, den Spieß komplett umzudrehen und mich auf den sechzigsten Geburtstag zu freuen! Ich lasse meinen Rechner die Tage bis dahin zählen, schreibe eine Geschenke-Wunschliste für diesen Festtag und notiere stichpunktartig, welche Vorteile sich als Ü-60 ergeben: Die Rente rückt näher, das Klimakterium ist überstanden, die Kinder sind (hoffentlich!) aus der Pubertät heraus, die Ausgaben für Hautcremes sinken wieder auf Normalniveau, und die Haare sind so grau, dass ich mich nicht mehr zwischen Strähnchen und Komplettfarbe entscheiden muss.
Trotzdem ist mir das alles immer noch zu abstrakt. Die innere Aufregung, wie damals beim Hineinschmuggeln in die Disco mit fünfzehn, fehlt. Was waren das damals

für Glücksgefühle, wenn der Türsteher mich durchwinkte und nicht nach dem Ausweis fragte. Noch Tage danach freue ich mich darüber. Dieses Gefühl muss auch wieder her! Aber wie? Nachdem ich an diesem heißen Sommertag mein Schokoladeneis fertig geschleckt habe, habe ich auch dazu eine Idee.

Ich kündige meiner Familie an, ins Schwimmbad zu gehen, und freue mich darüber, dass keiner mitkommen mag. Denn für mein Vorhaben will ich weder meinen Mann noch meine Kinder als Zeugen. Aufgeregt gehe ich zur Kasse und verlange von der jungen Frau hinter der Scheibe ein ermäßigtes Seniorenticket, es täte mir schrecklich leid, aber ich hätte meinen Ausweis vergessen, aber man könne mir mein Alter doch ansehen.
Die junge Kassiererin um die zwanzig sieht mich zweifelnd an und stellt mir schließlich eine ermäßigte Karte aus.
Ich packe meine Sachen auf der Liegewiese aus und weiß plötzlich nicht mehr, ob ich mich nun freuen soll oder doch lieber weinen. Sehe ich wirklich schon wie sechzig aus? »Nicht nachdenken! Nur freuen!«, befehle ich mir selbst und schwimme schnelle Runden, um die Emotionen runterzukochen. Danach lege ich mich ins Gras, schließe die Augen und erträume mir eine gute Fee, die mir einen Wunsch erfüllt. (Nur einen, wir werden ja altersbedingt bescheiden!) Ich wäre gerne wieder siebzehn mit dem Erfahrungsschatz von heute, ausgestattet mit einem Lottogewinn und vielleicht noch einem größeren Busen und …
Noch während ich mit der imaginären Fee verhandle, stört eine Stimme meine Schwimmbad-Augen-zu-Träu-

merei. Sie gehört der jungen Kassiererin, die nach Feierabend auch noch eine Runde schwimmt und sich zufällig neben mich legt. Sie lächelt freundlich und sagt: »Darf ich Sie jetzt rein privat noch etwas fragen? Sagen Sie mir die Wahrheit? Ich will es nur wissen. Sind Sie wirklich schon Seniorin? Ich habe es Ihnen nicht geglaubt, Sie aber trotzdem durchgelassen.«
So schnell kann die junge Frau gar nicht schauen, wie sie einen dicken Knutscher von mir auf die Wange bekommt. »You made my day!«, rufe ich ihr zu.

Soll ich das Glück herausfordern und nächstes Wochenende ins Museum gehen?

Paradox

»Lang leben will alles, aber alt werden will kein Mensch«, sagte Johann Nepomuk Nestroy (1801–1862). Genau so ist es. Ich möchte noch mindestens fünfzig weitere Jahre leben, aber weder Falten noch Zipperlein oder Schlimmeres kriegen. Da muss es doch eine Möglichkeit geben, dieser Falle zu entgehen! Es kann doch nicht sein, dass wir Menschen Waschmaschinen erfunden haben, zum Mond fliegen können und Kinder im Reagenzglas zeugen, aber dieses Problem noch immer nicht gelöst haben. Was machen eigentlich die ganzen Forscher den lieben langen Tag? Warum hat noch keiner eine Lösung für dieses Menschheitsproblem gefunden? Ruhm und Ehre könnten sie ernten, und den Nobelpreis noch dazu! Warum findet sich die ganze Welt außer mir schicksalhaft damit ab?

Na gut, ich gebe zu, ich habe auch keine Idee. Aber ich bin ja auch keine Erfinderin oder Wissenschaftlerin. Wobei mir gerade einfällt, dass man das Problem vielleicht nicht nur durch naturwissenschaftliche Technik lösen könnte, sondern auch mit Hilfe der Psychologie. In dieser Disziplin gibt es eine Methode, die sich »paradoxe Intention« nennt. Dabei wird der Patient aufgefordert, sich genau das zu wünschen, wovor er sich fürchtet. Ich mache die Probe aufs Exempel und stelle mir vor, wie ich noch viel, viel mehr Falten habe, wie ich mich täglich wegen Altersdiabetes spritzen muss und mein Gebiss abends reinige. Ich sehe mich meinen Führerschein freiwillig abgeben und erträume mir einen Rollator, mit dem ich einkaufen gehe. In einer weiteren Stufe (Vorsicht, nur für Profis geeignet!) lasse ich einen Pflegedienst ins Haus kommen. Der freundliche junge Mann wäscht mich und die Wäsche, füttert mich und setzt mich an das Fenster zur Straße, damit ich etwas vom Leben da draußen mitbekomme ...

An dieser Stelle der Übung unterbricht mich eine mahnende Stimme: »Du musst zur Toilette. Du musst mit dem Auto noch einen Großeinkauf machen. Du musst noch die Wäsche waschen.« Ja! Wie gerne ich das heute alles erledige! Selten hat Haushalt so viel Spaß gemacht. Die paradoxe Intention hat geholfen! Ich freue mich des Lebens und meines »Mittelalters«. Einen ganzen Tag lang. Dann ärgere ich mich wieder mit Nestroy. Die paradoxe Intention ist also auch keine Lösung. Da muss etwas Realistischeres her.
Also bitte, liebe Naturwissenschaftler, dann macht euch mal ans Werk, aber beeilt euch, ich werde nämlich alt, und dann ist es zu spät.

Strippen

Als Telefonieren noch nach Gebühreneinheiten von Orts- und Ferngesprächen berechnet wurde und nur mit Kabel funktionierte, hing ich oft stundenlang an der Strippe und besprach mit meiner besten Freundin wahlweise Beziehungs- oder Jobprobleme. Fast täglich. Wir erörterten ausführlich, was es heißt, wenn der Freund plötzlich »Schatz« sagt. Hat er eine andere? Verspießert er? Hat diese Beziehung überhaupt Zukunft? Oder: Soll ich bei diesem Chef nicht kündigen? Aber ich bin doch schon 25 und damit viel zu alt, um noch mal etwas Neues anzufangen, was soll ich bloß tun? Wie komme ich aus dem Büro mit dem Kollegen im Sakko bloß raus?

»Komisch«, schoss mir neulich beim Vergleich verschiedener Flatrates durch den Kopf, »heute führe ich solche Telefonate kaum mehr.« Von Ausnahmen wie akuten Trennungssituationen oder Beziehungskrisen einmal abgesehen. Was ist da passiert? Haben meine Freundinnen keine Probleme mehr? Ich habe definitiv noch Probleme im Leben und rufe die Freundinnen auch nicht mehr an. Ich verstehe mich auf neuere Kommunikationstechniken, aber auch per Mail erörtere ich nur noch gefühlte fünf Prozent meiner früheren Alltagsprobleme.
Wenn ich heute meine Freundinnen anrufe, dann meist, um einen praktischen Ratschlag zu erhalten (Sag mal, wie kann ich meinem Mann den Schuhkauf über 500 Euro verklickern?) oder um ein Treffen zu vereinbaren oder

um den Stand des Alltagslebens auszutauschen (Hatte gerade einen Riesenkrach mit meinem Mann, jetzt ist das Porzellan kaputt, aber sonst passt alles).

Was ist da passiert? Ich verstehe es nicht, bis ich eines Tages meine Tochter anschnauze, weil sie seit Wochen unter Liebeskummer leidet, jeden zweiten Tag heult und alle Trostversuche von mir abbügelt mit: »Das verstehst du nicht!«
»Dann vergiss den Typen doch endlich! Entweder es läuft zwischen euch oder nicht. Punkt. So einfach ist das!«, sage ich zu Eva.
So einfach ist das? Ja. Aber das haben wohl nur Frauen in meinem Alter kapiert. Entweder der Kampf um den Partner oder den Job lohnt sich, oder eben nicht. Der Rest ist vergeudete Zeit.
Meine Tochter ruft auf meinen, zugegeben unsensiblen, Satz hin tränenerstickt: »Du verstehst mich einfach nicht!« Sie rennt in ihr Zimmer, schlägt die Tür hinter sich zu, und was tut sie? Ich höre sie stundenlang mit ihrer besten Freundin telefonieren!

Ryan Gosling, Harry Potter und ich

Früher, in einem anderen Millennium, als ich noch ein Kind war, habe ich mir oft vorgestellt, wie es wäre, unsichtbar zu sein. Im Supermarkt unbemerkt Süßigkeiten klauen! Nachts wach bleiben bis in die Puppen und heimlich neben Mama und Papa auf dem Sofa sitzend einen gruseligen Film anschauen! Oder in der Schule alles abschreiben, weil ich mich unbemerkt direkt neben den Klassenstreber setzen kann!
Unsichtbar sein – wenn man anfängt, davon zu träumen, tun sich auch heute noch unendliche Möglichkeiten auf. Sich in die First Class nach Australien schmuggeln. Nachts bei Ryan Gosling unbemerkt im Schlafzimmer sitzen – natürlich nur, wenn er keine andere dabeihat, ich bin ja keine Spannerin.
Ach! Unsichtbar werden ist eine alte Menschheitsphantasie. Es gibt jede Menge Filme und Bücher zu dem Thema, und auch Harry Potter hat so einen Umhang, mit dem er heimlich und ungesehen durch Hogwarts schleichen kann.
Schade, dass wir alle irgendwann aus dem Land der Träume und der Zauberei vertrieben werden und fortan in der schnöden Realität des »Ich-hab-schon-wieder-die-Scheiß-U-Bahn-verpasst-und-hier-hat-jemand-neben-mir-gepupst« leben müssen. Aber wenigstens gibt's jetzt Filme mit Ryan Gosling für mich.
Aber nie – nie, nie, nie – im Leben hätte ich gedacht, dass

sich dieser Traum vom Unsichtbarsein für mich doch noch irgendwann erfüllen würde! Und das mit fünfzig! Nur leider erfüllte sich der Traum – wie so viele andere – völlig anders als gedacht. Wie soll ich es sagen, ohne dass Sie mich für verrückt halten oder glauben, ich hätte zu viele Harry-Potter-Bücher von meiner Tochter ausgeliehen? Natürlich ist es in meinem Alter peinlich, so etwas zuzugeben … Aber was sein muss, muss sein – ich sag es jetzt einfach, wie es ist: Seit einiger Zeit werde ich jeden Tag ein klein wenig unsichtbarer. Das mit dem Unsichtbarsein geschieht nicht auf einen Schlag, wie früher erträumt. Es geschieht eher schleichend und langsam – aber es geschieht.
Ich merke es ganz genau, auch wenn ich nicht sagen kann, wann es eigentlich angefangen hat. Vielleicht an dem schönen Sommertag vor ein, zwei Jahren. Ich war mit ein paar Freundinnen im Biergarten – zugegebenermaßen etwas länger, als mir unter der Woche guttut. Erst ist mir gar nichts aufgefallen, aber dann, kurz vorm Einschlafen, hatte ich so ein kleines irritierendes Gefühl. Irgendwas fühlte sich anders an, auch wenn ich noch nicht genau sagen konnte, was. Und dann, im Lauf der nächsten Wochen, wurde es mir klar: Ich wurde langsam, aber sicher unsichtbar. Ja. Genau. U N S I C H T B A R !
Im ersten Moment war ich vollkommen verblüfft – und dann entsetzt. Das muss man sich mal vorstellen – langsam, aber sicher unsichtbar werden! Wenn einem das nicht nur in der Phantasie passiert, ist das ein sehr verwirrendes Gefühl.
Wohin sollte das nur führen?
Schlagartig wurden mir nicht nur die Vorteile des Unsichtbarwerdens klar, sondern auch die ganzen Nachtei-

le. Wie soll ich einkaufen gehen? Wie würden die Leute reagieren, wenn sich da plötzlich ein einsamer Einkaufswagen wie von selbst durch die Regale schiebt? Und was ist, wenn mich selbst mein Kind nicht mehr sehen kann? Die kommt gerade in die Pubertät, da ist eine unsichtbare Mutter nicht gerade das, was gebraucht wird. Ich meine, für sie wäre es natürlich klasse, eine unsichtbare Mutter zu haben – aber ich hätte doch das Gefühl, als Mutter vollkommen zu versagen. Und die Sache mit Ryan Gosling! Ich könnte zwar endlich heimlich in sein Schlafzimmer schleichen – aber das wär's dann auch schon. Kein Mann will eine unsichtbare Frau. Männer können eben einfach besser gucken als denken. Und genau das war das Problem, wie sich später rausstellen sollte.

Nach einer kurzen, aber heftigen Panikattacke – ich traute mich sogar nicht mehr aus dem Haus, weil ich Angst hatte, niemand würde mich bemerken – wurde mir klar, dass es mit dem Unsichtbarsein eine ganz besondere Bewandtnis hatte: Denn nur Männer konnten mich offensichtlich nicht mehr sehen. Der nette Verkäufer in der Bäckerei. Der Polizist an der Ampel. Der neue Kollege im Büro. Keine Reaktion. Für die war ich irgendwie Luft.

Aber die Frauen in meinem Umfeld, die konnten mich weiterhin sehen. Klar und deutlich. Egal ob es die Kassiererin im Supermarkt war oder meine beste Freundin. Mir fiel ein Stein vom Herzen – ich würde doch nicht in die totale Isolation abdriften. Zumindest die weibliche Hälfte der Menschheit konnte mich noch wahrnehmen.

Aber dass ich jetzt für alle Männer unsichtbar war! Wie grauenvoll! Nie mehr flirten. Keine Pfiffe mehr von Bauarbeitern. Dabei bin ich doch frisch geschieden! Oh,

Shit! Ich würde nie wieder einen neuen Mann finden. Da kann einem auch Parship nicht mehr weiterhelfen. Wer verliebt sich schon in eine unsichtbare Frau?
Und dann habe ich festgestellt: Das Unsichtbarwerden ist ein Phänomen, das alle Frauen in meinem Alter kennen. Meinen Freundinnen um die fünfzig ergeht es ganz ähnlich. Bei manchen Frauen setzt diese Entwicklung entsetzlicherweise noch früher ein, habe ich mir sagen lassen. Wir werden alle langsam, aber sicher für die Männer unsichtbar, weil wir langsam, aber sicher nicht mehr in ihr Beuteschema passen.
Das ist alles Biologie. Männer stehen nun mal meistens auf junge, fortpflanzungsfähige Frauen. Sie sind einfach so programmiert. Und das seit Jahrtausenden. Da gibt es nichts dran zu rütteln. Männer wollen Kinder zeugen. Nicht bewusst natürlich, sondern völlig ferngesteuert von Mutter Natur. Denn die meisten Männer rennen schon bei der bloßen Andeutung eines Kinderwunsches ganz bewusst davon – direkt zur nächsten jungen Frau, bis die dann auch das Wort »Baby« erwähnt.
Trotzdem: Männer stehen meist auf jüngere Frauen. Ganz einfach. Das läuft bei ihnen, wie so vieles, ganz tief im Hinterkopf ab, irgendwo da, wo auch das Programm »Tiger erschlagen« gespeichert ist. Und das mit dem Kindermachen geht nun mal nicht mehr so gut mit einer Frau, die mitten in den Wechseljahren steckt. Da hat uns Mutter Natur ganz schön was eingebrockt.
Aus und vorbei.
Scheiße, sag ich da nur.

Und dann hab ich mich wie immer, wenn es Probleme gibt – und gibt es die nicht ständig? –, mit meinen vier besten, mittlerweile ebenfalls unsichtbaren Freundinnen beraten. Was kann frau tun? Es muss doch irgendein Mittel geben. Schließlich fliegen wir ja auch auf den Mond und benutzen Facebook. Es gibt für alles eine Lösung.

Ich kam als Erste auf die grandiose Idee, dass alle deutschen Frauen um die fünfzig nach Saudi-Arabien auswandern könnten. Dort tragen die Frauen einen Schleier. Komplett verhüllt – von Kopf bis Fuß. Bei manchen schauen noch nicht mal mehr die Augen raus. Wenn alle Frauen nicht sichtbar sind, macht es ja nichts mehr, wenn man unsichtbar ist. Kein Mann kann wissen, was sich unter so einer schwarzen Hülle verbirgt – eine zwanzigjährige Blondine mit D-Körbchen oder eine Fünfzigjährige, die sich gerade Botox hat spritzen lassen. Alle Frauen sind gleich und zumindest in der Öffentlichkeit einfach nur schwarz – schwarz von Kopf bis Fuß. Wäre das nicht eine unglaubliche Erleichterung für uns Frauen ab fünfzig?

»Aber sollten wir nicht lieber so ein Schleierdingsda in Deutschland einführen, anstatt nach Saudi-Arabien zu gehen? Da ist es immer so heiß, und mir ist doch wegen der Wechseljahre sowieso schon immer so warm«, warf Isabelle ein und erntete zustimmendes Nicken der versammelten Runde.

Später wurde aber auch dieser Vorschlag wegen »So-ein-Ding-ist-doch-sicher-furchtbar-unpraktisch-im-Alltag« abgelehnt. Zumal wir ja nicht mit allen anderen Frauen unsichtbar sein wollten, ganz im Gegenteil, wir wollten ja wieder sichtbar werden.

Annette hatte es übrigens mit einem extrem kurzen Minirock und High Heels probiert. So rausgeputzt, müssten einen die Männer einfach wieder sehen, dachte sie. Leider erntete sie damit nur mitleidige Blicke und blieb dann zu allem Übel auch noch mit dem Absatz in einer Ritze hängen und verstauchte sich den Knöchel. Das war also auch keine Lösung.

Sabina war beim Schönheitschirurgen, doch leider ist bei der OP etwas schiefgelaufen. Wochenlang lebte sie völlig zurückgezogen in einem Sanatorium in der Schweiz und war, quasi auf eigenen Wunsch, unsichtbar. Das half uns nun auch nicht weiter.

Wir redeten und redeten und redeten. Und tranken Crémant. Und je mehr Crémant wir tranken, desto interessanter wurden die Ideen, wie wir uns wieder sichtbar machen könnten. Am Ende des Abends hatten wir noch immer keine Lösung, aber dafür am nächsten Morgen einen fetten Kater. Und nichts mehr zum Frühstücken im Haus. Also bin ich kurzerhand völlig übermüdet und ungewaschen im Jogginganzug runter zum Bäcker. (Es gibt Momente im Leben, da bin ich durchaus sehr dankbar fürs Unsichtbarsein. Nicht auszudenken, wenn mich in diesem Aufzug jemand sehen könnte.)

»Einen Latte macchiato bitte und fünf Kaisersemmeln«, nuschelte ich der Verkäuferin zu. Und gerade als ich mich umdrehen wollte, um mit meinen hämmernden Kopfschmerzen und den Kaisersemmeln wieder nach Hause zu schleichen, stieß ich mit diesem Mann zusammen und kippte ihm aus Versehen meinen Latte macchiato über sein Hemd.

Verdammt. Das tat mir aber leid. Ich stammelte eine Entschuldigung und blickte in zwei wunderschöne graublaue Augen mit kleinen goldenen Sprenkeln und ein paar Lachfalten drum herum. Der Typ sah aus wie Ryan

Gosling in etwas älter! Er hat mich angegrinst, mit den Achseln gezuckt und gemeint, sein Hemd müsse sowieso in die Reinigung.
Ich stammelte noch ein völlig dämliches und unqualifiziertes »Ähm – tut mir wirklich unglaublich leid« (solche Männeraugen haben einfach immer so einen Effekt auf mich) und stürmte mit hochrotem Kopf schnellstmöglich aus der Bäckerei.
Als ich zu Hause war und mir ein Brötchen schmieren wollte, fand ich seine Telefonnummer auf einem Zettel in der Brötchentüte – mit der Nachricht, er würde sehr gerne mit mir mal einen Kaffee trinken gehen, vorausgesetzt, ich würde ihn diesmal trinken und nicht über sein Hemd kippen. Keine Ahnung, wie der Zettel in die Tüte gekommen ist. Vielleicht war der Typ mit den schönen Augen auch für einen Moment unsichtbar und hat es so geschafft, mir den Zettel in die Brötchentüte zu schmuggeln?
Egal. Ich ruf ihn jetzt an. Ich brauch ja sowieso einen neuen Kaffee!

Allen unsichtbaren Frauen um die fünfzig kann ich jetzt den Tipp geben: Kippt den interessanten Männern einfach einen Kaffee über und schert euch einen Dreck darum, wie sichtbar ihr für den Rest der männlichen Welt seid. Wenn der Typ wirklich gut ist, wird er euch schon sehen.

Komische Alte

Sollte irgendjemand Sie einmal »komische Alte« nennen, dann ziehen Sie sich nicht gekränkt zurück, schimpfen Ihr Gegenüber nicht »unverschämt« und suchen Sie auch keinen Psychotherapeuten oder Schönheitschirurgen auf. Jubeln Sie der Aussage auf Ihre Art und Weise zu, je nach Temperament freundlich lächelnd oder mit einer ungestümen Umarmung. Drücken Sie Ihre Freude darüber aus, dass endlich jemand Ihr wahres Ich und Ihre höhere Berufung erkannt hat. Sagen Sie, Sie seien eine begnadete Schauspielerin, die ihre Rolle selbst im Alltag perfekt verkörpern könne. Dem verdutzten Gegenüber erklären Sie daraufhin, dass »komische Alte« ein Bühnenfach ist.

Nach diesem Auftritt wird man Sie in bleibender Erinnerung behalten – wie eine großartige Schauspielerin eben.

Interview mit Melpomene

ICH HATTE MICH JÜNGER IN ERINNERUNG:
Zunächst einmal herzlichen Dank, dass Sie uns aus dem Musenhimmel heraus ein Interview geben.

MELPOMENE:
Was heißt da »Musenhimmel«? Wir Musen wohnen immer noch auf dem Berg Helikon in Griechenland, wobei wir ja schon immer unglaublich mobil waren. Ach, was bin ich schon herumgekommen! Rom, Paris, Moskau, New York, Sidney ... Das ergäbe bei Ihnen einen gehörigen Vielfliegerrabatt!

ICH HATTE MICH JÜNGER IN ERINNERUNG:
Wen haben Sie denn schon alles geküsst? Dürfen wir das fragen?

MELPOMENE:
Ach, unendlich viele! Sophokles, Seneca, Shakespeare, Voltaire, Schiller. Ich kann mich wirklich nicht mehr an alle erinnern!

ICH HATTE MICH JÜNGER IN ERINNERUNG:
Hat es Sie nie gestört, immer nur im Hintergrund zu arbeiten, während andere die Früchte eingeheimst haben? Quasi als Künstlergroupie ...

MELPOMENE:
»Künstlergroupie?!« Wo denken Sie hin! Wir Musen haben doch einen viel größeren Auftrag, als nur mal schnell bei so einem Künstler vorbeizuschauen und ihn abzuknutschen. Zeus persönlich hat uns geschaffen, um die Menschen all das Böse in der Welt vergessen zu lassen.

ICH HATTE MICH JÜNGER IN ERINNERUNG:
Das erstaunt uns jetzt etwas, wo Sie doch die Muse der Tragödie sind. Die endet bekanntlich tragisch und zeigt das ganze Elend der Welt und der Menschen.

MELPOMENE:
Ja, aber genau dadurch wird man geläutert, wie es in der Dramentheorie heißt. Das bedeutet, man nimmt sein eigenes Schicksal nicht mehr als so schrecklich wahr.

ICH HATTE MICH JÜNGER IN ERINNERUNG:
Stichwort »eigenes Schicksal«. Wir schreiben ein Buch über das Älterwerden von Frauen. Wie fühlt sich das für Sie an?

MELPOMENE:
Sehen Sie mich an!

ICH HATTE MICH JÜNGER IN ERINNERUNG:
Sie sind bemerkenswert schön ... und jung für Ihre 2500 Jahre!

MELPOMENE:
Ich bin ja auch eine Muse und keine Sterbliche.

ICH HATTE MICH JÜNGER IN ERINNERUNG:
Ja, Sie reden sich leicht, ohne körperliche Alterserscheinungen.

MELPOMENE:
Trotzdem kenne ich das Gefühl, zum alten Eisen zu gehören. Rein beruflich. Vor 2500 Jahren konnte ich mich vor Arbeit kaum retten, über 500 Jahre lang. Dann kam die klassische Tragödie immer mehr aus der Mode, ich machte eine Fortbildung zum Drama, das ja auch tragisch ist, aber eben anders gebaut. Das ging dann wieder viele Jahrhunderte gut. Aber auch das klassische Drama ist kaum mehr gefragt. Ich behelfe mir jetzt mit Drehbuchjobs. Wissen Sie, das heutige Regietheater ist ein schlechter Witz der Geschichte.

ICH HATTE MICH JÜNGER IN ERINNERUNG:
Davon verstehen wir zu wenig. Fühlen Sie sich ausgemustert? Denken Sie manchmal »In meinem Alter krieg ich doch keinen anderen Job mehr!«?

MELPOMENE:
Wo denken Sie hin!

ICH HATTE MICH JÜNGER IN ERINNERUNG:
Sie meinen, das macht Ihnen nichts aus?

MELPOMENE:
Doch, natürlich schon. Dieses Regietheater, ich kann Ihnen gar nicht sagen …

ICH HATTE MICH JÜNGER IN ERINNERUNG:
... wir meinten persönlich, für Sie. Vom Regietheater verstehen wir nichts.

MELPOMENE:
Im Regietheater tobt sich ein wild gewordener – oft junger – Regisseur ohne Rücksicht auf den Text aus und überlagert die Tragödie mit seinen eitlen Bildern. Aber das führt jetzt vermutlich wirklich zu weit. Das ärgert mich jedenfalls maßlos, wenn ich an die Kraft denke, die es kostete, solche Stücke zu schreiben. Sie glauben ja gar nicht, wie verzweifelt die Autoren oft waren, ehe ich sie besuchte. Manchen habe ich dabei das Leben gerettet!

ICH HATTE MICH JÜNGER IN ERINNERUNG:
Ja, bei dieser Entwicklung ... Keimt da nicht manchmal Kulturpessimismus in Ihnen auf und Sie denken »Früher war alles besser«?

MELPOMENE:
Wie kommen Sie denn darauf?

ICH HATTE MICH JÜNGER IN ERINNERUNG:
Na ja, das liegt doch irgendwie nahe.

MELPOMENE:
Wieso? Ich verstehe Sie nicht!

ICH HATTE MICH JÜNGER IN ERINNERUNG:
Es ist doch gemein, dass es für uns Frauen so viel schlimmer ist, zu altern, als für Männer. Wir plagen uns mit Falten herum und werden ab fünfzig deutlich unattraktiver.

Während die Männer nach wie vor Kinder zeugen können und, wenn sie den Job wechseln, meist aufsteigen.

MELPOMENE:
Ach, jetzt verstehe ich! Sie klagen das Schicksal an.

ICH HATTE MICH JÜNGER IN ERINNERUNG:
Nein, das ist doch kein Schicksal, sondern einfach Ungerechtigkeit.

MELPOMENE:
Ach, ihr armen Sterblichen, gefangen im Regietheater des Lebens! Als ob Mann oder Frau dem Schicksal entrinnen könnten, dem Schicksal, eines Tages zu sterben. Die Angst davor manifestiert sich dann in Falten oder Schuldzuweisungen ob der gesellschaftlichen Ungerechtigkeiten.

ICH HATTE MICH JÜNGER IN ERINNERUNG:
Sie reden sich leicht, Sie bleiben immer jung und müssen nicht sterben.

MELPOMENE:
Aber ich kenne mich mit dem Schicksal aus, das ist mein Job, die ganzen Tragödien der Kunst und des Lebens. Was Sie hier denken, ist eine neuzeitliche Mode. Als ob man seinem Schicksal entrinnen könnte!

ICH HATTE MICH JÜNGER IN ERINNERUNG:
Mit Verlaub: Da denken Sie aber altmodisch. Wir haben schon viel verändert, denken Sie bloß daran, dass Frauen sich das Wahlrecht erstritten haben, sich scheiden lassen

können, arbeiten gehen und so weiter. Wir können uns und unsere Gesellschaft verändern.

MELPOMENE:
Aber nicht solange Sie sich als Opfer der Umstände fühlen! In jeder guten Tragödie gibt es Rahmenbedingungen, die nicht zu verändern sind, und Bereiche, in denen Sie Handlungsspielraum haben. Sie können sich beispielsweise nicht aussuchen, auf der Erde oder dem Mond zu leben, aber Sie können entscheiden, ob Sie das Klima auf der Welt verbessern wollen oder nicht.

ICH HATTE MICH JÜNGER IN ERINNERUNG:
Wie meinen Sie das?

MELPOMENE:
Gegen den Tod ist für die Sterblichen kein Kraut gewachsen. Und der schickt seine Vorzeichen mit dem körperlichen Verfall. Mit Falten, Hängebusen und grauen Haaren. In Wahrheit ängstigt Sie der Tod und nicht das Alter.

ICH HATTE MICH JÜNGER IN ERINNERUNG:
Hm ... vielleicht haben Sie recht. Dann ist das Leben an sich eine Tragödie, weil wir von Anfang an auf den Tod zusteuern.

MELPOMENE:
Unsinn! Tragödien gibt es in der Kunst, und die Sache mit dem Regietheater ist eine Tragödie. Aber das Leben der Sterblichen ist immer eine Tragikomödie. Es kommt immer auf die Perspektive an. Es ist traurig und lustig zugleich.

ICH HATTE MICH JÜNGER IN ERINNERUNG:
Das sagen ausgerechnet Sie, die Muse der Tragödie! Und theoretisch mag das vielleicht stimmen …

MELPOMENE:
Papperlapapp! Das stimmt auch praktisch, vom Regietheater mal abgesehen.

ICH HATTE MICH JÜNGER IN ERINNERUNG:
Diesen Begriff können wir nun ehrlich gesagt nicht mehr hören. Sie sind ja ganz besessen davon!

MELPOMENE:
Okay, dann lasse ich ihn mal außen vor und verrate Ihnen was, ein großes Geheimnis. Bitte behalten Sie es für sich und erzählen nichts davon Zeus, der würde stinksauer. Also: Ich habe mit der Komödie geschlafen. Es ist ja heute kaum mehr bekannt, aber in der Antike gab es auch männliche Musen, allesamt wunderschöne, intelligente junge Männer. Und sorglos. Wie Musen halt so sind. Aus meiner Affäre mit der Komödie entsprangen die Tragikomödienmusen. Und diese, meine Kinder, küssen all die glücklichen Menschen, die das Leben weder zu leicht noch zu schwer nehmen, sondern tragisch und komisch zugleich. Das sind die glücklichsten Menschen. Soll ich meine Älteste mal bei Ihnen vorbeischicken?

ICH HATTE MICH JÜNGER IN ERINNERUNG:
Ähm … ja, gerne. Frau Melpomene, wir danken Ihnen für das Gespräch!

Ich werde immer teurer

Das Leben als Frau ist viel teurer als das Leben als Mann. Das liegt vor allem daran, dass wir Frauen diejenigen sind, die sich schmücken müssen, wollen, sollen. Und das geht bekanntlich am besten mit allerlei Tand und Flitter, Mode und Kosmetik, Chirurgie und Botox. Man denke nur einmal darüber nach, was frau in ihrem Leben so alles für Kosmetik, Friseur und Klamotten ausgibt! Wenn man das mit dem Leben eines Mannes vergleicht, kommt ganz schön was zusammen.

Hier einmal eine kleine Aufstellung meiner laufenden Kosten in einem ganz normalen Jahr:

Frau	Mann
24 Zahnbürsten	4 Zahnbürsten
3 neue Rasierer (nach jeweils vier Monaten völlig fertig)	1 Rasierer (abschreibbar auf zehn Jahre)
25 neue Slips (vier davon sauteuer von La Perla / neues Date)	2 neue Boxershorts

5 neue BHs (vier davon von La Perla / siehe oben)	4 Paar neue Socken
28 Feinstrumpfhosen	1 neue Jeans
6-mal Friseur (mit Strähnchen)	4-mal Friseur
4-mal Kosmetikerin	
5 neue Mascaras	
157 sonstige Kosmetikartikel (leider viel zu viele – muss unbedingt mal meine Nagellacke sortieren)	
3 Paar High Heels (in denen ich nicht wirklich laufen kann)	
2 Paar Sneakers (weil ich in den High Heels nicht laufen kann)	
5 Hosen (3 davon zu eng)	
7 Blusen	

- 2 Jacken
- 1 Mantel
- 23 T-Shirts
- 4 Kleider
- 1 Badeanzug (Bikini geht nicht mehr, muss Bäuchlein kaschieren)
- 3 Schals
- 2 Mützen
- 1 Designerrock (sauteuer, Frustkauf, aber demnächst werde ich das Ding mal anziehen)
- 0-mal Botox (ich trau mich nicht)

Wie man sieht, ist das Leben einer Frau unglaublich teuer. Kein Wunder, dass so viele Frauen in jungen Jahren auf der Suche nach einem Mann sind, der ihnen das alles finanziert. Schließlich haben die Jungs ja auch was davon, wenn wir gut aussehen. Warum sollten sie also nicht etwas dafür bezahlen?

Nun ist es leider mit steigendem Alter so, dass auch die Ausgaben steigen. Mit zwanzig kann man sich in ein kleines Stückchen Stoff für 20 Euro werfen und sieht darin umwerfend aus. Wenn man das Gleiche mit über fünfzig macht, kann es einer Frau schnell passieren, dass man von Passanten ein paar Cent in die Hand gedrückt bekommt oder – noch schlimmer – ein paar leere Pfandflaschen und mitleidige Blicke.

Wenn man mit zwanzig ein Jahr lang nicht zum Friseur geht und mit verwuschelten Haaren rumläuft, dann ist das der superschicke »Out-of-bed-Look«, für den manche Models stundenlang beim Friseur sitzen. Wenn man das mit über fünfzig macht, läuft man Gefahr, dass die Leute denken, man habe einen Wischmob auf dem Kopf oder keinen Job mehr.

Schönheitsbedingt müssen wir ja quasi schon ab der Pubertät mehr ausgeben als die Jungs. Und mit über fünfzig muss man da echt noch mal eine Schippe zulegen. Was mit zwanzig charmant hippiehaft war, ist mit fünfzig meistens nur noch ungepflegt.

Kann man sich mit zwanzig schnell mal eine nicht ganz so teure Creme ins Gesicht werfen, ist man mit über fünfzig geneigt, ein Vermögen für das vage Versprechen auszugeben, damit die Falten doch noch etwas im Zaum zu halten. Und das ständige Haarefärben beim Friseur schlägt auch zu Buche. Dabei habe ich jetzt noch nicht mal die Kosten für aufwendigere Schönheitsreparaturen wie Botox oder plastische Chirurgie mit eingerechnet.

Alles in allem ist es also eine ganz schön teure Angelegenheit, eine Frau zu sein. Ich bin daher absolut für eine »Reparaturzulage« für Frauen bei der Rente. Das wäre

doch mal ein Thema für eine Politikerin. Oder, wie meine Finanzberaterin sagen würde: Ein paar Lippenstifte weniger mit zwanzig und das Geld dann in einen Fondssparplan investieren, damit man sich mit fünfzig noch den Friseur leisten kann (also wenigstens ein neuer Haarschnitt sollte ab und an drin sein).
Und bei dem Ganzen sind ja noch nicht einmal die – hoffentlich erst später – entstehenden Kosten für Rollator, künstliche Hüften, Gebisse etc. mit eingerechnet. Aber da herrscht dann wenigstens wieder Gerechtigkeit unter den Geschlechtern. Dieses ganze Zeugs brauchen die Männer ja irgendwann genauso wie wir.
Ist das nicht schön, dass Mutter Natur im wirklich fortgeschrittenen Alter dann doch noch ernst macht mit der Geschlechtergleichheit?

Warum hast du so große Ohren?

Bisher dachte ich bei »Älterwerden« an Falten, graue Haare, hängendes Gewebe, Altersflecken und all so ein Zeug. Aber es ist alles noch viel, viel schlimmer! Wir werden zu Wölfen! Im Laufe der Jahre verwandeln wir uns zu diesen Märchenmonstern, die vom jungen Rotkäppchen gefragt werden: »Warum hast du so große Ohren, Großmutter?«

Wie so viele Bilder und Symbole im Märchen werden die großen Ohren darin nicht zufällig thematisiert, sondern sie beschreiben das Märchen-Wolf-Monster Großmutter. Denn wussten Sie, dass die Ohren wachsen und wachsen und nicht mehr damit aufhören? Etwa alle drei Jahre werden sie einen Millimeter größer. Wissenschaftler glauben, durch die Streckung würde sich das nachlassende Gehör ausgleichen. Wir sollten also froh sein um die großen Ohren. Ich bin aber gar nicht froh darüber und kontrolliere – seitdem ich von diesem Körperverhalten erfuhr – nun jeden Tag meine Ohrengröße im Spiegel. Manchmal sehe ich sie förmlich in den Himmel wachsen, zu einer Monstergröße.

Meine Haare schiebe ich seither nur noch hinter die Ohren, wenn ich alleine bin. Ohrringe meide ich nun wie der Teufel das Weihwasser. Und fragt mich eine Freundin am Telefon, ob ich ihr mein Ohr leihen könnte, zucke ich innerlich zusammen und antworte schließlich freudig: »Ich schenke es dir sogar gerne!«

Und nun ist es passiert: Meine beste Freundin beschwert sich bitterlich, was ich ihr da neulich am Telefon untergejubelt hätte. Was für ein hinterhältiges Geschenk! Denn plötzlich hätte sie im Spiegel ganz große Ohren an sich entdeckt, und es sei ja wohl eindeutig, woher diese kämen: Ich hätte sie ihr geschenkt!
Ob die Dinger wirklich von mir kämen, frage ich. Vielleicht rühre das auch von ihrer Neugier oder daher, dass sie bisher noch keine Lesebrille verwende? Aber nein, meine beste Freundin ist sich sicher, dass die großen Ohren damals direkt bei unserem Telefonat von mir zu ihr herübergewachsen seien.

Ich kann ihr schlecht raten, sie weiterzuverschenken, so wie das Salatbesteck, das ich einmal zum Geburtstag bekam, es an sie weiterschenkte, sie es wiederum Ines vermachte, Ines es in superschicker Verpackung an Maria weitergab und Maria es mir wiederum bei einem Besuch als »Kleinigkeit« mitbrachte. Das geht noch mit einem Salatbesteck, aber mit den großen Ohren wäre so ein Teufelskreis wirklich unfair.
In meiner Not – weil mir das jetzt natürlich furchtbar peinlich ist – biete ich meiner besten Freundin an, das Geschenk sofort zurückzunehmen. Aber das will sie nun wiederum nicht, wer sonst schenke ihr denn ein Ohr, wenn sie Kummer habe und Trost oder Rat brauche? Auf ihren Mann könne sie dabei nun mal gar nicht zählen.
Und da haben wir gleichzeitig eine grandiose Idee und setzen sie auch gleich um – wir schenken unseren Männern unsere großen Ohren! Die freuen sich, wenn sie auch mal ewig lange von sich reden dürfen, und das

Äußere ist ihnen doch ohnehin nicht so wichtig wie uns!

P.S.: Falls Sie keinen Mann daheim haben – das funktioniert auch mit fremden Männern garantiert. Das ist kein Märchen!

Unerklärliche Verspätung

Es ist ja nicht so, dass ich mich wie mein Mann einfach weigere, bestimmte Modetrends mitzumachen. Mein Mann sucht immer noch verzweifelt die ganze Stadt und in Urlauben ganze Länder ab, um die Unterhosen zu ergattern, die er mit Anfang zwanzig entdeckte, seither trug und die es nun »urplötzlich« nicht mehr zu kaufen gibt. Nein, ich versuche, modisch zu bleiben, ohne mich seltsamen Trends anzubiedern.
Aber immer öfter stelle ich dabei fest, dass meine Stadt, mein Viertel und mein Haus offenbar boykottiert werden. Neue modische Trends kommen seit geraumer Zeit immer mit enormen Verzögerungen an! French Nails etwa wurden jahrelang nicht in unsere Gegend exportiert! Und Boyfriend-Jeans erreichten unser Viertel erst, als sie schon nicht mehr in waren! Ganz seltsam alles. Da muss eine Geheimorganisation dahinterstecken, die verhindern will, dass ich modisch-jugendlicher wirke. Mit meinem Alter kann das nichts zu tun haben!

Tanz der Hormone

»Wechseljahre sind wie die Pubertät, nur andersherum«, hat mal irgendjemand gesagt. Keine Ahnung, wer das war. Vielleicht war der- oder diejenige heimlich bei uns zu Besuch. Oder hat durch unsere Fenster geschaut – im Sommer, wenn alles offen steht. Hier im Haus können sich nämlich zwischen Mutter und Tochter schon einmal Lautstärken bis zu 120 Dezibel entwickeln. Orkanartig. Wie beim Start eines Flugzeuges. Wenn die Hormone Tango tanzen. Denn die eine von uns ist in den Wechseljahren, die andere in der Pubertät. Das passiert eben, wenn man erst relativ spät ein Kind bekommt. Selbst schuld. Hätte ich Sophie während meiner eigenen Pubertät bekommen, wäre das alles kein Problem. Dann hätte jetzt nur eine von uns hormonell bedingte Ausfallerscheinungen des Gehirns, des Benehmens und der Contenance.

Wie wir alle wissen, sind Wechseljahre und Pubertät die hormongesteuerten Jahre. Das mag man nun glauben oder nicht. Ich neige ja dazu, es zu glauben – zumindest was die Pubertät betrifft. Ich selbst bin natürlich immer das Beispiel einer völlig gechillten Mutter. Hormonell bedingte Stimmungsschwankungen? Ich doch nicht!
Aber manchmal schwappt hier doch eindeutig zu viel Gestagen durch die Gegend. Oder ist es das mangelnde Östrogen? Oder das Progesteron? Zumindest kann es kein Mangel an Testosteron sein. Das macht doch beson-

ders angriffslustig, denke ich mir so als Laie. Und kaum tanzt hier wieder irgendein Hormon aus der Reihe und legt einen flotten Cha-Cha-Cha auf das Parkett, knallen auch schon die Türen.
Der Mangel an Östrogen brüllt: »Die Musik ist zu laut!«
Das Zuviel an Gestagen schreit sofort zurück: »Ach, lass mich doch in Ruhe!«
»Würde ich ja gerne, wenn ich denn mal meine Ruhe hätte! Dreh die Musik leiser!«, wütet das Progesteron.
»Mach du doch die Tür zu!«, schallt es vom Östrogenüberschuss zurück.
»Das ist mein Haus! Und solange du ...« Jetzt dreht mein Hormoncocktail völlig durch und verwandelt sich in meine Mutter.
Die Tür knallt zu. Der Schlüssel dreht sich. Drinnen laute Musik und Heulen.
Draußen keine Musik, aber auch fast Heulen.
Warum, weiß eigentlich niemand so genau.
Alles Pipifax. Kinkerlitzchen. Kleinigkeiten. Mäuschen, Mücken, die sich im Tanz der Hormone innerhalb von Sekunden in Elefanten verwandeln. Ach, was sag ich. In Mammuts! Riesenviecher aus der Eiszeit trampeln hormonbeladen durch unser Haus.

Seit die Hormone bei uns Tango tanzen, ist unser Leben etwas turbulenter geworden.
Meine Tochter schließt neuerdings das Bad ab, weil sie ihre Privatsphäre will und bei ihren diversen Kosmetikversuchen ungestört ihre wunderschön pralle Haut mit irgendwelchen Mittelchen drangsaliert, die diese Haut nur deshalb überlebt, weil sie noch so jung und prall ist. Ich verriegele die Badtür neuerdings, weil ich niemanden

dabeihaben will, wenn ich meine nicht mehr ganz so pralle Haut mit irgendwelchen Mittelchen drangsaliere, die mir wahlweise versprechen, meine Falten über Nacht wegzubügeln, mich zehn Jahre jünger aussehen zu lassen oder – wenn der Cremetiegel über 100 Euro kostet – mich gleich komplett unsterblich zu machen.
Meine Tochter überlegt, wann sie wohl den ersten Jungen küsst. Ich überlege, ob ich überhaupt mal wieder jemanden küsse.
Sie wartet auf ihre Tage. Ich auch. Wenigstens da haben wir was gemeinsam.
Ansonsten tanzen wir Gefühlstango zum jeweiligen Stand unserer Hormone. Östrogen und Ausfallschritt. Eine Drehung nach rechts zu viel, und ich flipp aus. Eine Drehung nach links zu viel, und sie flippt aus. Wer führt hier eigentlich? (Hoffentlich immer noch ich – Sophie ist noch nicht ganz dreizehn!) Ach, ach, Cha-Cha-Cha. Geschrei und Gestagen. Und das einzige – leider nicht mehr ganz – männliche Wesen in diesem Haushalt, unser Hund, bellt dazu im Rhythmus.

Ich war schon früher an den Tagen vor meinen Tagen oft kurz davor, jemanden umzubringen. Oder mich selbst umzubringen. Oder mich einfach nur heulend unter der nächsten Decke zu verkriechen. PMS – das ist ein Zustand, von dem man, wenn man ihn seit Jahren jeden Monat einmal mitmacht, weiß, er geht wieder vorbei. Aber nur wann?
Und jetzt, wo meine Tage etwas unregelmäßiger sind als früher, weiß ich nicht, ob das Gefühl, gleich auszuflippen, nun an meinen Hormonen liegt oder die Realität mich absolut dazu berechtigt, durchzudrehen. Obwohl –

wenn man sich die Realität mal genauer anschaut, berechtigt sie einen immer wieder einmal, kurz durchzudrehen.
Wer jemals etwas vom freien Willen gefaselt hat, der hat keine Ahnung davon, was PMS-Hormone so mit einem anstellen können. Jede Frau, die unter PMS leidet, weiß, dass das keine modische Erfindung ist, sondern ein verdammt reales Syndrom. Ich habe mal irgendwo gelesen, dass eine Frau in Amerika nicht wegen Mordes verurteilt wurde, da sie während der Tat kurz vor ihren Tagen war. Sie galt als nicht zurechnungsfähig.
Gilt das auch für die Wechseljahre? Ist man dann dauerhaft nicht zurechnungsfähig? Das wäre doch ein unschätzbarer Vorteil.
Wobei. Keine gute Idee. Gar keine gute Idee, das mit der Unzurechnungsfähigkeit wegen der Hormone. Meine Tochter würde das sofort für sich beanspruchen. Und das käme einem pädagogischen Super-GAU gleich.

Übrigens: Vielleicht ist es gar nicht so schlecht, dass meine Tochter in der Pubertät ist – so schwingt vielleicht hier öfter mal zu viel Östrogen in der Luft, und ich kann ab und zu noch etwas davon aufschnappen, um meine zweite Pubertät noch etwas hinauszuzögern.

Vergiss es!

Wann es genau angefangen hat, habe ich vergessen. Aber fest steht: Ich werde plötzlich immer vergesslicher. Gehen Lebensmittel zur Neige, muss ich sofort auf den Einkaufszettel schreiben, was wir brauchen, sonst stehe ich im Supermarkt völlig ratlos herum. Haben die Kinder Zahnarzttermine, trage ich diese unverzüglich in den Küchenkalender ein. Und zum Geburtstag meines Mannes habe ich mir neulich ein Post-it an den Schreibtisch geheftet – ich traue mir da selbst nicht mehr über den Weg.
Bisher habe ich mit dieser Vergesslichkeit auch immer noch ein wenig kokettiert. Im Gespräch mit Bekannten sagt man schon mal schmunzelnd: »Ich muss mir jetzt alles aufschreiben, sonst weiß ich es nicht mehr.«

Seit gestern kokettiere ich nicht mehr damit. Ich setzte mich nämlich an meinen Schreibtisch und begann, ein Kapitel für dieses Buch mit der Überschrift »Vergiss es!« zu schreiben. Doch Anrufe von Verwandten, ein Kochanfall meines Mannes (er braucht dafür eine Assistentin, und dann wird es mühsamer, als alleine zu kochen) und ein Redeanfall meines Sohnes (er ist in der Pubertät, und es kommt ungefähr einmal im Jahr vor, dass er von sich aus einen ganzen Satz erzählt) kamen dazwischen. Es folgten ein gemütlicher Abend, eine ruhige Nacht und ein Morgen, an dem ich endlich einmal gut ausgeschlafen war. Frisch setzte ich mich an den Schreibtisch und wollte endlich die Geschichte schreiben, von der ich bisher nur die Überschrift hatte.

Ich mache ein neues Dokument auf und tippe fröhlich drauf los. Erst beim endgültigen Speichern der Datei im entsprechenden Ordner sehe ich die Überschrift von gestern, ach, ich hatte ja schon ein Dokument angelegt und es dann vergessen. Ich klicke es an. Und dann starre ich entsetzt auf den Bildschirm – es darf nicht wahr sein ... Kann es sein ... Nehme ich ohne es zu wissen Drogen? Da steht ja schon eine Geschichte unter dem Titel »Vergiss es!«. Haben sich meine Kinder einen Scherz erlaubt? Aber nein, langsam dämmert mir, da war doch was, ja, ich hatte das vor dem Kochanfall meines Mannes noch getippt – und den Inhalt dann komplett vergessen! Jetzt habe ich zwei Geschichten zum gleichen Thema. Und welche nehme ich jetzt? Ich treffe eine salomonische Entscheidung, verwerfe beide Texte und schreibe das hier noch einmal ganz neu. In ein paar Tagen, da bin ich mir sicher, werde ich den Inhalt der anderen beiden Geschichten vergessen haben.

Das Neidhuhn

Plötzlich sitzt sie mir im Büro gegenüber: Jennifer, dreißig Jahre jünger, bildhübsch und jugendlich unbeschwert. Die junge Kollegin geht offen auf mich zu, fragt nach, wenn sie bestimmte Abläufe nicht versteht, und bringt überaus respektvoll neue Ideen ein: »Ich weiß ja nicht, es ist nur so eine Idee, aber wäre es vielleicht sinnvoll, das Archiv zu digitalisieren? Dann könnten wir die Daten viel schneller abgleichen.«
Ich nicke. Das war tatsächlich eine großartige Idee. Und trotzdem ärgere ich mich. »Das junge Luder will natürlich alles besser machen«, denke ich.
Jennifer scheint meinen Groll zu spüren: »Aber wenn Sie es anders gewohnt sind, dann vergessen Sie meinen Vorschlag einfach wieder! Neuerungen sind ja nicht an sich toll, sondern nur wenn sie zum Personal und zum Ablauf passen.«
Ich verkrampfe innerlich noch mehr. Sinngemäß predige ich das seit zwanzig Jahren in der Firma. Neuerungen um der Neuerung willen halten nur auf. Und das junge Luder muss das jetzt altklug auch auf den Tisch bringen? Und damit nicht genug. Jeden Tag schauen plötzlich Chef und männliche Kollegen »zufällig« bei uns vorbei. Jennifer hört dem größten Laberer der Firma höflich zu, lässt sich zum Mittagstisch einladen und antwortet dem Chef, dass sie abends noch ein wenig länger bleibt, um die Ratschzeit wieder hereinzuarbeiten. Der Chef strahlt und drückt ihr noch einen Stapel in die Hand, wenn sie

ohnehin heute noch länger da wäre, es wäre eilig, sie würde ihm damit einen Riesengefallen tun. Jennifer bietet mir an, auch noch was zu übernehmen, denn wir nähmen ja immer den Männern gerne etwas ab, aber nicht den Frauen. Meine Hand in der Jackentasche krampft sich zu einer Faust.

Himmel! Kann ich nicht einfach einem jener jungen Dinger gegenübergesetzt werden, die uns Ältere offen missachten, sich wichtigmachen und uns rausbeißen wollen? Aber nein, mir gegenüber sitzt eine junge Frau, die ich vor dreißig Jahren so nett gefunden hätte, dass ich mich sofort mit ihr hätte anfreunden wollen. Sie ist sozial vorbildlich, klug, schön und hat Schwung. Und trotzdem passt sie mir nicht.

Ich zucke zusammen, wenn meine Tochter beim Essen den Namen »Jennifer« im Zusammenhang mit einer Klassenfahrt erwähnt. Ein ungelöstes Sudoku erscheint mir plötzlich als großes »J«. »J« wie Jennifer. Und ich verliere von einer Sekunde auf die andere den Appetit, als mein Mann sagt, er hätte beim Einkaufen die Jennifer getroffen.

»Wieso du ... die Jennifer?«, stammle ich.

»Die wohnt halt im Viertel. Was ist denn, Schatz?«, fragt mein Mann.

»Was! Auch noch im Viertel! Ich fasse es nicht! Woher kennst du sie überhaupt?«, schreie ich.

Mann und Kinder schauen mich an, als überlegten sie, den psychiatrischen Notdienst zu rufen.

Ganz ruhig erklärt mein Mann, dass wir alle beim evangelischen Pfarrer und seiner Frau Jennifer eingeladen sind.

Ach so, diese Jennifer, eine ganz andere Jennifer. Die ist in etwa so alt wie ich und ganz in Ordnung.

Aber die Büro-Jennifer ist ein Biest. Das merke ich bald darauf, als ich zufällig mit ihr im Lift zum Büro hochfahre. Dieser Lift ist rundum verspiegelt. Während ich mit Jennifer über die anstehende Sitzung spreche, sehe ich mich aus den Augenwinkeln selbst und erschrecke. So bittere Züge um den Mund und die herabhängenden Mundwinkel kenne ich nur von alten Weibern, die sich selbst und der Jugend nichts gönnen. Verbiesterte Spaßbremsen. Neidhühner. Ich. Ja, ich bin das!
Jennifer ist voll in Ordnung. Richtig toll und nett sogar. Bloß ich bin ein Neidhuhn geworden und gönne ihr die Klugheit, Schönheit und Jugend nicht, weil ich das alles zusammen in meinem Leben nicht mehr kriegen kann. Also der Klassiker des Neidhuhns. Nicht über die eigenen Möglichkeiten nachdenken, sondern sich darüber echauffieren, was andere haben und man selbst nicht. Das macht mich so giftig. Und das Eigengift zeigt sich an meinen Mundwinkeln.
»Ich möchte ja nicht aufdringlich sein«, sagt Jenny, während ich diesen Gedanken nachhänge. »Aber ist irgendwas? Sie sehen so traurig aus.«
»Nein, jetzt nicht mehr!«, antworte ich. »Sollen wir nicht du sagen?«, schlage ich vor.
»Sehr gerne!«, antwortet Jennifer.
»Weißt du, ich habe plötzlich ein Problem mit dem Alter«, gestehe ich offen. »Ich komme mir so ... so schrecklich alt neben dir vor!«
Entgeistert schaut mich Jennifer an. Dann lacht sie plötzlich.

»Weißt du was? Und ich hab ein Problem mit der Jugend. Ich kam mir immer so klein und doof neben dir vor. Du kannst NEIN sagen, schickst den Laberer weg und lässt dir keine Überstunden aufschwatzen.«
Wir lachen beide. Wir sind jetzt Freundinnen.

Eine kleine Zeitreise

Vorgestern habe ich eine Zeitreise gemacht. Im Grunde genommen war es eine Geschäftsreise, ich musste an einem Tag mit dem Flugzeug in eine andere Stadt und wieder zurück. Ziemlich anstrengend, das Ganze. Aber auch ziemlich blöd von mir, in einer Zeit zu leben, in der das Beamen noch nicht erfunden wurde, man aber am besten gleichzeitig an allen möglichen Orten der Welt zu sein hat. Schöne globalisierte Welt eben.
Erst heute habe ich in einer Frauenzeitschrift einen Artikel über eine erfolgreiche Bloggerin gelesen, die in nur einer Woche auf vier verschiedenen Kontinenten war. Mein absoluter Alptraum. Aber wahrscheinlich ist die Bloggerin so viel unterwegs, dass sie sich irgendwann selbst einholt und gar keine Zeit für einen Jetlag hat, da sie am gleichen Tag abends und morgens woanders ist. Das verstehen Sie jetzt wahrscheinlich nicht, aber das macht nichts.
Nun, ich für meinen Teil bin auf meiner innerdeutschen Minigeschäftsreise nach einem anstrengenden Tag auf dem Rückflug mir selbst begegnet. Das ist sehr verwirrend, ich weiß, aber das haben Zeitreisen nun mal so an sich. Das ganze »An-einem-Tag-hin-und-her-Fliegen« bringt einen wirklich durcheinander. Nicht auszudenken, wenn auch ich ständig Kontinent-Hopping betreiben müsste. Kein Mensch würde meine Texte mehr verstehen.
Ich – besser gesagt, mein jüngeres Ich – saß zwei Reihen

weiter vorne, war Anfang dreißig und trug ein knappes, kleines Businesskostüm mit High Heels. Ich war schick, elegant, strahlte Kompetenz aus. Und ich war high davon, so wichtig zu sein, um für ein Meeting von A nach B zu fliegen, ohne das Flugticket selbst zahlen zu müssen. Die Männer in meiner Sitzreihe flirteten mit mir – verheiratet oder nicht. Alles war großartig. Bis auf meine schmerzenden Füße in den High Heels, meinen eingequetschten Bauch im Businesskostüm und meine spannende Haut, die sich durch die trockene Luft im Flieger und das viele Make-up anfühlte, als würde sie sich gleich von alleine abschälen.

Mein älteres Ich, also ich meine, mein Ich im Jetzt-Zustand, saß zwei Reihen hinter meinem jüngeren Ich. Falls Sie jetzt etwas verwirrt sind, ist das kein Wunder. Zeitreisen haben diese Auswirkung. Sie bringen nicht nur den Leser, sondern das ganze Universum durcheinander. Das kann man in jedem Science-Fiction-Roman nachlesen. Also fühlen Sie sich dadurch nicht gestört und lesen Sie bitte einfach weiter.

Mein Jetzt-Ich trug bequeme Schuhe, eine bequeme Hose und minimales Make-up, da sich sonst meine Haut im Flieger anfühlt, als würde sie sich gleich von alleine pellen. Vor zwanzig Jahren hat mein jüngeres Ich schmerzende Füße, eingetrocknete Haut und einen eingequetschten Bauch einfach ertragen. Meinem Jetzt-Ich ist das zu anstrengend geworden.

Trotzdem blickte ich mit etwas Wehmut nach vorne zu meinem jüngeren Ich und bewunderte seine Fähigkeit, beim Aussteigen aus dem Flieger mit High Heels kein einziges Mal zu straucheln. Diese Zeiten sind wohl endgültig vorbei. Ein ganzer Tag hin und her auf High Heels

würde mittlerweile wahrscheinlich bedeuten, dass ich am nächsten Tag überhaupt nicht mehr laufen kann. Noch nicht mal in Birkenstocks. Und mein Aussehen ist mir eindeutig nicht mehr ganz so wichtig wie früher. Oder besser gesagt: Mein Aussehen ist mir immer noch wichtig, aber ich bin nicht mehr dazu bereit, mich dafür selbst zu foltern. Ist das jetzt die Weisheit des Alters?
Mein jüngeres Ich entschwand stöckelnd aus meinem Blickfeld, um am nächsten Tag wieder frisch und munter im Büro zu erscheinen. Mein älteres Ich stieg müde und geschafft ins Taxi, um nach Hause zu fahren. Als ich endlich auf dem Sofa lag, habe ich mich gefragt, ob ich mit den Jahren wirklich etwas weiser geworden bin? Oder vielleicht doch einfach nur bequemer? Oder ist das am Ende manchmal sogar das Gleiche?

Aber eine Sache macht mir bei alledem Angst: Angenommen, die haben in den nächsten zwanzig Jahren immer noch nicht das Beamen erfunden und ich muss immer noch solche Ein-Tages-Business-Trips machen, reise ich dann im Jogginganzug? Oder steige ich dann sogar gleich barfuß und im Schlafanzug ins Flugzeug? Schließlich ist dieses Outfit das bequemste, das ich mir vorstellen kann. Na, dann gute Nacht.

Das neue Zauberwort

»Und wie heißt das Zauberwort?«, fragten meine Eltern mich und ich später die Kinder. Auf die Antwort »Bitte« gab es Eis, Kinderzimmer-aufräumen-Befreiung oder längeren Ausgang. Spätestens als junge Erwachsene haben wir es alle intus und fragen: »Könnten Sie sich bitte nicht vordrängeln?«, »Kannst du mir bitte die Nummer deiner Geliebten geben?«, »Dürfte ich bitte auch ein klein wenig mehr Gehalt bekommen, so wie die männlichen Kollegen?«

Mit »bitte« lässt sich der Umgang höflich erleichtern – aber das Zeug zum »Zauberwort« hat es spätestens mit zwanzig verspielt. Wir Frauen verwenden es viel häufiger als Männer und machen uns als Bittsteller nicht selten kleiner, als wir sind. Das wirkliche Zauberwort erwachsener Frauen ist ein ganz anderes. Aber ich musste erst 39 + x werden, um es zu lernen.

Es war im Keller. Ein ganz normales Kellerabteil in einer Großstadtwohnung. Ich betrat es an einem ganz normalen Sommertag, um zwei Koffer für die anstehende Urlaubsreise zu holen. Zu unserem ganz normalen Keller gehört auch, dass wir regelmäßig sagen: »Der Keller gehört endlich mal wieder aufgeräumt«, um ebenso regelmäßig an diesem Vorhaben aus verschiedenen Gründen zu scheitern. Mein Mann findet, seine Fußballzeitschriften aus verschiedenen Jahrzehnten würden eines Tages noch »Gold wert« sein. Ich finde, mein Brautkleid und die Bowlenschüssel von Tante Emma müssten der Nachwelt für immer und ewig erhalten bleiben. Unsere Kinder finden es »total unfair«, dass wir mit unserem Zeug den Keller vollstopfen und sie die erste Barbie oder den ersten Legobausatz weggeben sollen. Alle paar Jahre wehrt sich unser Keller jedoch und macht uns nicht mehr die Türe auf. Das trifft uns dann doch, und wir bitten unser Kellerabteil – nach streng ausgerechneten familiär anteiligen Prozentsätzen – um Verzeihung für die jahrelangen Belastungen und befreien ihn von unseren Zumutungen, so dass wir ihn wieder betreten können.

Als ich unseren Keller damals, an einem ganz normalen Sommertag, vor der geplanten Reise nach Sizilien betrat, zickte unser Keller wieder und gab die Koffer erst frei, nachdem ich Holzregal, Schlittschuhe, Christbaumkugeln, Fußballzeitschriften und den Gläser-Fehlkauf von neulich zur Seite geräumt hatte. Doch kaum hatte ich die Koffer in der Hand, stieß ich mit dem Holzregal den Stapel Fußballzeitschriften um, und unser Keller gefiel sich im Dominoeffekt. Die Zeitschriften verschoben den Gläserfehlkauf, die Schlittschuhe krachten dadurch auf die Christbaumkugeln, deshalb schwankte das Holzregal, und schließlich fiel alles laut krachend in sich zusammen. Chaos und ein großer Scherbenhaufen. Tante Emmas Bowlenschüssel war nun endgültig im Jenseits.

»Mist!«, rief ich. Jenseits des materiellen Schadens musste ich also jetzt im Vorurlaubsstress auch noch diesen Scherbenhaufen aufräumen! Man hat ja sonst nichts zu tun vor Reisen – in einer Stunde sollte ich den Nachbarn die Schlüssel zum Blumengießen bringen, der Kühlschrank war noch nicht geleert, die Wäsche noch nicht gewaschen und die Allergie-Medikamente für die Kinder noch nicht besorgt.

»Scheiße!«, fluchte ich noch einmal. »Scheiß Urlaub!«
»Wie bitte?«, hörte ich eine Stimme, übrigens ein schöner, tiefer Bass. »Andere wären froh, wenn sie verreisen könnten!«
»Na und?«, entgegnete ich trotzig. »Mir doch egal, was andere machen!«
Der Bass lachte laut. »Und warum schimpfst du dann laut über den Urlaub, wenn du gar nicht verreisen willst?«
»Aber natürlich will ich weg. Es ist nur ... der Vorurlaubsstress!«
Der Bass lachte wieder. Ich war auf 180.
»Hör mal, du Scheißkeller! Ich weiß schon selbst, was ich will!«
Erneutes Lachen. Ich floh ins Treppenhaus und holte wütend Schaufel, Kehrbesen und Müllsack aus der Wohnung. Wenn der Keller mir noch einmal so höhnisch käme, würde ich ihm jetzt aber was erzählen.
Doch der vorauseilende Kampfmodus war unnötig. Beim Aufräumen und Aufkehren schwieg der Bass.
Ich brachte den Nachbarn die Schlüssel zum Blumengießen, leerte einen Teil des Kühlschranks, besorgte die Medikamente, wusch die Wäsche und richtete den Autoresponder auf dem Rechner ein. Also die ganz normalen Erledigungen vor einem Urlaub.

Abends ging ich ins Bett und kuschelte mich unter meine neue Daunendecke. »Ach, wie bequem dieses Bett doch ist«, dachte ich. »Nirgendwo schlafe ich besser als hier.«
Vor meinem geistigen Auge erschien plötzlich die durchgewetzte Matratze im Hotel auf Rhodos. Und die Warterei am Flughafen von Tunis, eine ganze Nacht lang. Ich dachte an die Besichtigungstouren, die mein Mann auch

bei 40 Grad im Schatten in Italien durchführt. Ich dachte an den stinkenden Fisch im Restaurant auf Mallorca und den scheußlichen Kaffee in Dänemark. Mir fiel ein, wie oft wir im Urlaub abends um den Besuch einer Bar streiten und wie müde ich eigentlich jeden Reisetag bin, weil ich in den Ferien immer weniger Schlaf bekomme als hier. Überhaupt: hier. Ich dachte an das Restaurant um die Ecke, das vor drei Jahren eröffnete und das wir immer noch nicht besucht hatten. Mir fiel ein, dass in der Stadt ein neues Wellenbad eröffnet hatte, alle Freundinnen schwärmten davon. Mir fiel ein, dass der Flug ungefähr so viel kostet wie mein Traumkleid, das ich mir aber nie und nimmer leisten würde. »Aber schließlich kann man nicht alles haben im Leben, Urlaub und Traumkleid«, dachte ich mit meinen pragmatischen 39 Jahren und konnte nicht einschlafen in jener ganz normalen Sommernacht.

»Der Keller hat recht!«, schoss es mir plötzlich durch den Kopf. Ich fuhr im Bett hoch. Ich mag eigentlich überhaupt nicht nach Sizilien!

»Hab ich sie noch alle?«, schloss sich dem »Ich mag eigentlich überhaupt nicht ...« gedanklich an. Alle freuen sich auf die Ferien! Als Studentin jobbte ich extra für Rucksackreisen quer durch Europa. Bin ich jetzt eine dröge, alte Spießerin geworden?

Ich zog mir etwas über und ging mitten in der Nacht in den Keller.

»He! Ich geb's ungern zu, aber du hast recht gehabt!«, sagte ich.

Aber der tiefe Bass schwieg.

»Na gut, wenn du nicht redest, dann rede eben ich! Und wenn alle Welt gerne in Urlaub fährt und manche uns um

diesen Luxus beneiden, warum muss ich das auch tun? Ich muss gar nichts! Ich muss nicht beweisen, dass ich immer noch die neugierige Entdeckerin bin. Ich bin nicht verpflichtet, das zu tun, was allen anderen Spaß macht. Ich erlaube mir mit 39 jetzt einfach eine Macke. Ich möchte nicht verreisen, sondern im Urlaub daheim bleiben, in meinem Daunenbett schlafen, ins Wellenbad gehen, das Restaurant um die Ecke besuchen. Ich möchte lieber mein Traumkleid als Strand.«
»Bravo«, glaubte ich den tiefen Bass zu hören.
»Aber«, so seufzte ich in dieser ganz normalen Sommernacht auf dem Weg nach oben, »es ist ja schon gebucht.« Und überhaupt, was würde meine Familie dazu sagen?
»Frag doch mal deinen Mann, ob er nicht eine Reiserücktrittsversicherung abgeschlossen hat!«, rief mir der tiefe Bass nach.
»Danke!«, rief ich zurück.
Nein, eine Spießerin konnte ich nicht geworden sein. Wer unterhält sich schon nachts um zwei Uhr mit seinem Keller?

Mein Mann hatte eine Reiserücktrittsversicherung abgeschlossen, er zeigte mir das Schreiben, und ich las es genau. Volltreffer. Sogar einen Tag vorher konnte ich noch ohne finanzielle Verluste absagen. Ich musste gar nichts! Außer meiner Familie das Ganze schonend beibringen.
»Ich weiß, wie wir heuer Geld sparen können. Und wie ihr mehr Freiheiten im Urlaub habt. Und wie es kein Gezicke mehr wegen Extra-Hotelwünschen gibt!«
Mann und Kinder sahen mich fragend an.
»Ich verreise nicht mit!«, verkündete ich.

An meinem Verstand zweifelnde Gesichter starrten mich an. »Warum?«
»Weil ich einfach keine Lust habe und lieber daheim bleiben möchte!«
»Aber wir freuen uns doch alle auf den Urlaub, was ist denn los, Mama?«, fragte mein Sohn.
»Lasst ihr euch jetzt scheiden?«, fragte meine Tochter.
»Hast du deine Tage?«, fragte mein Mann.
»Mir doch egal, was alle machen!«, antwortete ich.
Es dauerte ein paar Stunden, bis meine Familie begriff, dass ich weder geistesgestört noch hormongesteuert war, sondern jenseits unumschiffbarer Verpflichtungen einfach nichts mehr mache, wozu ich keine wirkliche Lust habe.
In jener ganz normalen Sommernacht, vor der geplanten Reise nach Sizilien, hatte ich verstanden, was das neue Zauberwort ist: »nein«. Ich kann »Nein« sagen. »Nein« zu meinen Liebsten, aber auch »Nein« zu dem, was alle gerne machen. Und das Erstaunlichste dabei: Keiner fällt nach einem »Nein« tot um, noch nicht einmal mein Mann! Ich habe das Experiment mittlerweile schon x-mal wiederholt, und es wurde nie – wie die Wissenschaftler sagen würden – falsifiziert. Alle, die bislang mit meinem »Nein« konfrontiert wurden, lebten froh und munter weiter, ich schwöre es!

Meine Familie fuhr jedenfalls ohne mich in Urlaub, und ich verbrachte zwei herrliche Wochen mit Ausschlafen in meinem Daunenbett, gutem Essen im Restaurant um die Ecke, Chillen im neuen Wellenbad mit der besten Freundin, dem Kauf meines Traumkleides und einer Lektüre, die mir erklärte, warum ich mich so wohl fühlte: »Während wir älter werden, werden unsere Gefühle immer wichtiger für uns, und wir lernen im Laufe des Lebens immer besser, sie geschickter zu organisieren und erfolgreicher mit ihnen umzugehen ... Zusätzlich *wissen* wir aufgrund der größeren Lebenserfahrung besser, was angenehme Gefühle wirklich maximiert und unangenehme Gefühle wirklich minimiert, und picken uns aus dem Leben nur *das* heraus, was uns noch wirklich interessiert oder auf gut Deutsch: glücklich macht.« (Bernd Hornung: Glücksforschung und Glückswissenschaft, Band I, München 2014)

Ein Jahr später holte ich wieder die Koffer aus dem Keller, voller Vorfreude auf Mauritius. In diesem Jahr, und auch die Jahre darauf, hatte ich wieder Lust auf Reisen und fahre seither wieder regelmäßig in den Urlaub. Aber das Zauberwort »Nein« habe ich nun immer – und nicht nur im Urlaub – in meinem Gepäck. Einmal entfiel es mir, da ging ich einfach in den Keller und holte mir vom tiefen Bass ein neues »Nein« ab. Bei der Gelegenheit verriet er mir, dass sich auch andere Frauen, in anderen Kellern, das Zauberwort abholen können – vorausgesetzt, sie sind mindestens 39 Jahre.